日銀の責任

低金利日本からの脱却

野口悠紀雄
Yukio Noguchi

PHP新書

はじめに

日本銀行は、２０１３年４月に大規模な金融緩和政策を開始した。その年の１月に、私は『金融緩和で日本は破綻する』（ダイヤモンド社）という書籍を上梓した。そこでは、大規模な金融緩和を行なっても、日本銀行が目標とする２％のインフレ目標は実現できないこと、日本経済の活性化は金融政策では実現できず、構造改革によってしか達成できないことを指摘した。

『金融政策の死』（日本経済新聞出版社、２０１４年）、『円安待望論の罠』（日本経済新聞出版社、２０１６年）、『異次元緩和の終焉』（日本経済新聞出版社、２０１７年）においても、同様の主張を行なった。

日銀は２％のインフレ目標を２年間で達成するとしたが、達成できなかった。それどころか、２０２１年まで９年間かけても達成できなかった。ところが、２０２２年に海外からインフレが輸入されると、インフレ率は４％を超えた。しかし、賃金が追いつかないため、実質賃金が低下した。これは、そもそも物価上昇率を政策目標とするのが適切ではないことを、はっきりと示すものだ。

より重要なのは、大規模金融緩和が開始されてから10年の間に、日本経済が活性化することはなく、日本の国際的地位が著しく低下したことだ。日本の一人当たりGDPは、2012年にはアメリカと大差なかったが、いまは半分以下に落ち込んだ。韓国、台湾の一人当たりGDPは日本の半分程度だったが、2022年に台湾は日本を抜いた（第4章の4を参照）。韓国に抜かれるのも時間の問題だ。

日本は、誤った政策によって貴重な10年間を無駄にした。いま日本は、約50年間続いた先進国の地位から滑り落ちようとしている。

2023年4月、日銀の総裁に植田和男氏が就任した。これから新しい金融政策の時代が始まる。どのような方向を目指すにしても、過去10年間の金融緩和政策がなぜ日本経済を活性化できなかったのか、また、物価上昇率という目標が正しいものであったのか否かを、まず検証する必要がある。そして、現在の日本の状況を正しく把握し、未来に向けて金融政策がいかなる役割を果たすべきかを考える必要がある。

日本は危機的な状況にある

日本の賃金水準が国際的に見て低くなってしまったこと、日本企業の生産性が低下の一途を辿っていることなどは、これまでも問題とされてきた。

2022年に日本を襲った物価高騰と円安によって、この問題が極めて明確な形で表れた。円安が急速に進んだため、日本と海外の賃金の格差はさらに開いた。もはや日本は外国人にとって魅力のある仕事の場ではなくなってきており、そのことがさまざまな面に表れている。

この問題への対処は、一刻の猶予も許されない焦眉《しょうび》の課題だ。輸入物価高騰の原因の半分程度は円安によるものであり、円安は日本の金融緩和政策によってもたらされているものだから、現在の状況に対処するためにまず必要なのは、金融緩和政策を見直すことだ。それにもかかわらず、日本銀行は、2022年12月まで、金融政策を全く見直そうとしなかった。

金利を引き上げると、景気に悪影響が及ぶからだと説明された。しかし、大企業が円安によって記録的な利益を享受しているのに対して、零細企業は原価高騰を売上に転嫁できずに、破滅的な状況に陥っている。景気を維持するとは、このような状態を是とし、それを継続するということなのだろうか？

それは一部の豊かな人たちをさらに豊かにする結果にしかならないのではないだろう

か？　一般にインフレは、弱者に対して不利に働くことが多いのだが、いまの日本でも、それが明確な形で進行している。

それにもかかわらず、国民から、あるいは野党から、このような政策に対して反対の声が起こらない。これも不思議なことだ。

本書の目的は、日本がなぜこのような状況に陥ったかを分析し、ここから脱出するために何が必要かを明らかにすることだ。そうした分析の上に、低金利時代から脱却した金融政策がいかに運用されるべきかを明らかにしたい。

本書の概要

以下、本書では、つぎのような議論を展開する。

第1章と第2章で、日本経済の現状を見る。

第1章では、日本企業の競争力が著しく低下したこと、とくにデジタル分野での立ち遅れが著しいことを見る。

第2章では、2022年に日本を襲った円安と物価高騰がもたらした実態を見る。大企業を中心とする企業の利益は記録的な水準を実現したが、賃金が上がらないために消費者の生活が困窮した。

第3章と第4章とでは、こうした結果をもたらした原因を見る。第3章では長期的な観点から検討する。中国の工業化に日本が安売り戦略で対処しようとしたこと、そして、2000年代頃からの円安政策が日本企業の生産性向上を妨げたことを指摘する。

第4章では、2013年以降のアベノミクスと大規模金融緩和政策を検討し、異次元緩和が矛盾を含む政策であったことを指摘する。

第5章から第7章では、金融緩和政策が行き詰まっていることを指摘し、そこからの脱却が必要であることを指摘する。

第5章では、2022年の急激な円安がなぜ生じたかを見る。問題は、世界的なインフレに対処するため各国の中央銀行が利上げを行なったにもかかわらず、日銀が金融緩和を続けたことだ。

第6章では、金融政策で円安を進め、その結果生じる物価高騰に対して政府が物価対策を講じるのは矛盾した政策であることを指摘する。

第7章においては、長期金利のコントロールが行き詰まって、国債市場に大きな歪みがもたらされたことを指摘する。2022年12月、日銀は、市場の圧力に屈して金融緩和政策の修正に追い込まれた。

第8章では、大規模金融緩和から脱却したあとの日本経済の姿を展望する。ここで強調したいのは、仮に物価高騰や円安が収まるとしても、日本の生産性の低さ、それによる賃金停滞の問題は残るということだ。

第9章においては、新しい金融政策への提言を行なう。2023年4月に発足した日銀新体制が、中央銀行の本来の使命である通貨価値の維持に戻ることを期待したい。


本書は、「ダイヤモンド・オンライン」「東洋経済オンライン」「現代ビジネス」、時事通信社「金融財政ビジネス」に公表したものを基としている。これらの掲載にあたってお世話になった方々に御礼申し上げたい。

本書の刊行にあたっては、株式会社PHP研究所ビジネス・教養出版部PHP新書課の宮脇崇広氏にお世話になった。御礼申し上げたい。

2023年4月

野口悠紀雄

日銀の責任　低金利日本からの脱却　目次

第2章　円安に襲われた日本の惨状

第3章 30年間の円安政策が日本を弱くした

第4章 異次元緩和の本当の目的は何だったのか？

第5章 急激な円安はなぜ起きたのか？

第6章 矛盾だらけの経済政策

第7章 行き詰まった異次元緩和

第8章 日本経済は新しい段階へ

第9章 新しい金融政策を日本再生の第一歩に

5 財政放漫化助長からの脱却を―――301

図表目次

第1章

ここまで弱くなった日本経済

1――日本のカイシャは、もうダメだ⁉

日本企業はアフリカやモンゴルの企業と同列

日本経済が深刻な病に冒されていることを明確な形で示しているのが、スイスのＩＭＤ（国際経営開発研究所）が作成する「世界競争力ランキング」だ。

２０２２年６月に公表された２０２２年版では、日本の順位は、対象63カ国・地域のうちで34位だった（21年は31位）。アジア・太平洋地域で見ると、14カ国・地域中10位で、マレーシアやタイより順位が低い。

このランキングは、「経済状況」「政府の効率性」「ビジネス効率性」「インフラ」という4つの項目について評価を行なっている。そのうちの「ビジネス効率性」において、日本は、世界51位まで落ち込んでしまった（図表1-1参照。なお、スペースの制約で、図表1-1には一部の国しか示していない）。

図表1-1　IMD世界競争力ランキング（ビジネス効率性での評価）

国・地域	順位	国・地域	順位
デンマーク	1	インド	23
スウェーデン	2	イギリス	28
台湾	6	韓国	33
香港	7	イタリア	34
シンガポール	9	フィリピン	39
アメリカ	12	日本	51
中国	15	ボツワナ	57
ドイツ	21	モンゴル	61

出所：IMD

日本企業は、アフリカの企業やモンゴルの企業とほぼ同列の存在になってしまったのだ！

「ビジネス効率性」の細分類項目を見ると、「労働生産性評価」では59位、「企業の効率性に対する評価」では、大企業が62位、中小企業が61位だ。そして、「デジタル化を活用した業績改善」では60位だ。

「経営プラクティス」の項目では、「企業の意思決定の迅速性」「変化する市場への認識」「機会と脅威への素早い対応」「ビッグデータ分析の意思決定への活用」「起業家精神」の5項目のすべてで63位と最下位である（三菱総合研究所のホームページによる。なお、同研究所は、日本のデータをＩＭＤに提供している）。

図表1-2 IMD世界競争力での日本の順位

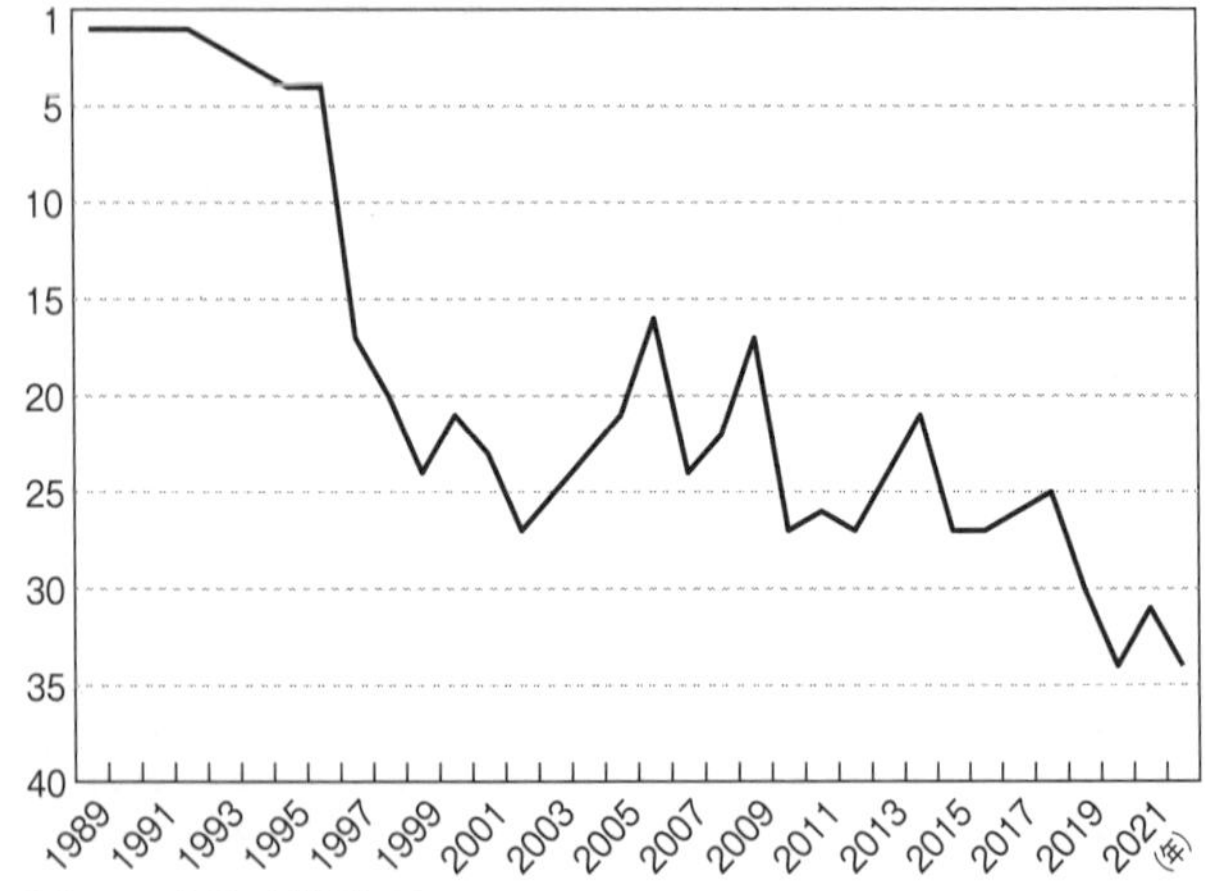

出所：IMDの資料より筆者作成

ところで、このランキングにおける日本の順位は、昔からこのように低かったわけではない。

日本の順位の推移を見ると、公表が開始された1989年から1992年までは1位であった（図表1-2参照）。その後も、1996年までは5位以内だった。ところが、1997年に17位に急落。その後、20位台で推移し、2019年に30位となって以降は4年連続で30位台となってしまったのだ。

「デジタル競争力」で日本は「世界最低」！

IMDが作成するもう一つの国際比較である「デジタル競争力ランキング」の2022年版（2022年9月に公表）によると、日本は、63カ国・地域中29位であり、2021年より順位が下がった。

評価項目ごとに日本の順位を見ると、「国際経験」と「企業の俊敏性」では、63位。つまり、「世界最下位」だ。

これを普通の言葉で言えば、「日本企業は世界で何が起きているかを知らず、動きがどうしようもないほど、のろい」ということになる。

また、「ビッグデータ、アナリティクスの活用」で63位、「デジタル・テクノロジースキル」でも62位だ。これを普通の言葉で言えば、「世界のどの国の人も使えるデジタル技術を、日本人は使えない」ということになる。

すべての項目で「最低」となっているわけではないが、重要度の高い項目で最低だ。少なくとも、先進国の中で最低であることは間違いない。惨憺《さんたん》たる状態としか言いようがない。

改めて言うまでもなく、これは、「とんでもないこと」だ。尋常なことではない。非常事態だ。

時価総額の世界トップ100社に、アメリカは62社、日本は1社だけ

付加価値を生み出す経済活動を行なうのは企業だ。だから、企業がどれだけの競争力を持

図表1-3 時価総額世界トップ100位までに入る企業数

国・地域	企業数	国・地域	企業数
アメリカ	62	アイルランド	2
中国	12	オーストラリア	1
フランス	5	韓国	1
イギリス	4	サウジアラビア	1
スイス	3	台湾	1
インド	2	デンマーク	1
オランダ	2	日本	1
カナダ	2		

出所:Largest Companies by Market Cap

っているかは、その国の現在と未来の世界における地位を決める。

前述のIMDのデータを見ていると、日本企業はもうダメなのではないか、と思えてくる。

そこで、株式市場がどう評価しているかを見るために、時価総額のランキングを見ることにしよう(以下の数字は、Largest Companies by Market Capによる。なお、時価総額は、2022年10月初めの値。株価の変動に伴い、日々変動する)。

株価は企業の将来の成長度を反映していると考えられるので、時価総額は、企業の未来を表していると考えてよい。

時価総額で世界の上位100社に入る企業

数を国別に見ると、図表1-3のとおりだ。アメリカが62社と圧倒的に多い。つぎに中国の12社がくる。イギリス、フランス、オランダなどでは、それぞれ2～5社だ。人口では小国であるアイルランドに2社もあることが注目される（同国の人口は、約500万人。東京都の人口約1400万人の3分の1強）。

日本企業で世界の上位100社に入るのは、トヨタ自動車だけだ（42位、1883・8億ドル）。

なお、ドイツには、1社もない。ドイツの時価総額トップは、ソフトウエアサービスのSAPで、世界115位だ。これに比べれば日本はマシだが、人口当たりで見れば、日本の上位100社企業数は、韓国や台湾に比べてずっと少ない。それに、時価総額の額も少ない（韓国トップのサムスン電子は27位、2678・4億ドル、台湾のTSMCは13位、3641・8億ドル）。

日本企業はEVやファブレスへの移行に対応できるか？

ドイツで時価総額100位以内の企業がなくなったのは、自動車メーカーが全般的に順位を落としたからだ。これまでフォルクスワーゲンが100位以内に入っていたが、いまでは

158位だ（768・6億ドル）。メルセデスベンツやBMWも順位を落としている。

こうした変化が起きるのは、今後、EV（電気自動車）への転換が生じることが確実だからだ。実際、自動車メーカーであっても、テスラ（第6位、7491・5億ドル）や中国のBYD（125位、936・3億ドル）などのEVメーカーの順位は上昇している。テスラの時価総額はフォルクスワーゲンの約10倍になっているし、新興の自動車メーカーであるBYDの時価総額が、いまやフォルクスワーゲンを上回っている。

その反面で、従来タイプの自動車メーカーの順位は下がっている。アメリカでも、GM（277位、507・9億ドル）、フォード（279位、502・9億ドル）といった具合だ。伝統的な自動車メーカーの中で時価総額トップ100に入っているのは、いまやトヨタ自動車だけになってしまった。

日本の最重要産業は自動車だ。それが、右記のような条件下で、順位を落としている。ホンダ（402位、382・3億ドル）や日産（1145位、126・8億ドル）は、今後どうなるのだろうか？

EVへの転換は、事業内容の大幅な転換を伴う。日本の自動車メーカーがこうした大きな変化に対応できるかどうかが、今後試されることになる。

「世界で何が起きているかを知らず、動きがのろい」と評価された日本企業にそれができるのかどうか、心配だ。自動車は例外と祈りたいが、果たしてどうだろうか？

製造業のファブレス化に対応できない日本

電機メーカーの時価総額も大きく変動している。ソニーは時価総額が大きいが、これは、「ものづくり」から脱皮しているからだ。従来タイプの製造業である日立、東芝などの時価総額は低迷している。

世界の製造業は、ファブレス（工場なし）に向かっている。時価総額世界一のアップルがその代表だ。アメリカには、この他に、ＮＶＩＤＩＡ、Qualcomm、Broadcom、ＡＭＤなど、時価総額が大きいファブレス半導体企業が登場している。それに対して、日本では、キーエンスなどを除くと、ファブレス企業はほとんどない。

ここでも、日本企業は変化に対応できていないのだ。「世界最低」と評価された経営の決定の遅さから、何とか脱却してほしい。

2――経済が成長しないと、賃金は上がらない

どうやって賃金を上げるのか?

岸田文雄首相は、2022年10月3日の所信表明演説で、構造的な賃上げに重点的に取り組むと宣言した。

では、どうやって賃上げを実現するのか? 「新しい資本主義実現会議」では、2023年の春闘での賃上げ実現に期待を示した。

春闘への介入は、安倍内閣のときから毎年行なわれたことだ。しかし、それによって経済全体の賃金が上がることはなかった。22年の春闘賃上げ率は2・20%で、21年(1・86%)を上回ったものの、22年の各月における実質賃金の対前年比は、連続でマイナスが続いた。

図表1-4には、日本の賃金の長期的な推移を示す(「毎月勤労統計調査」による「現金給与総額」、5人以上の事業所)。1997年までは上昇していたが、それ以後は下落に転じた。

図表1-4 日本の賃金の推移（2020年=100）

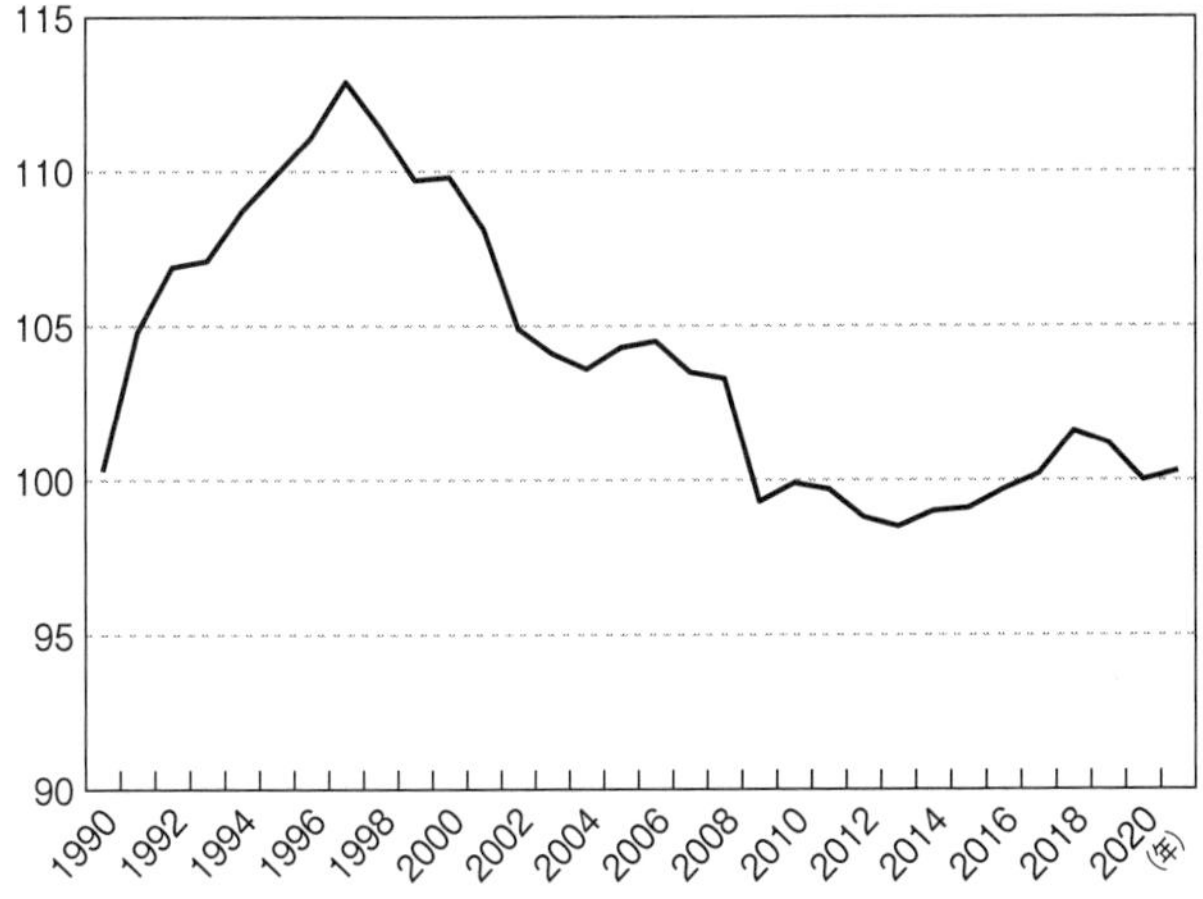

出所：毎月勤労統計調査のデータより筆者作成

２０１０年頃に下落が止まったが、その後はほぼ横ばいだ。対前年伸び率で見ると、２０１８年に１・４％となったのを除くと１％未満であり、マイナスの伸び率の年も多い。

成長が止まったのは、賃金だけではない。以下に述べるように、日本経済のほとんどの指標について見られることだ。それは、日本経済が構造的に深刻な問題を抱えていることを示している。

それらを解決しない限り、「構造的な賃金上昇」は実現できない。以下に述べるさまざまな指標が現状のままで、賃金だけがめざましく上がるということは、ありえない。「構造的な賃上げを実現する」というのであれば、岸田首相は、これらの困難な課題をどう解決するかを示さなければならない。

一人当たりGDPの成長が、30年前に止まった

図表1－5に、日本の一人当たりGDPの推移を示す。1990年代半ばまで成長を続けたが、そのあたりで頭打ちになった。それ以後は成長せず、横ばいになった。

これは、図表1－2で日本のランキングが低下し始めた時期とほぼ同じだ。また、図表1－4で賃金が下落を始めたのとも同じ頃だ。つまり、この頃に、日本経済の構造が大きく変わったのである。

なお、一人当たりGDPが横ばいであるのに賃金が下落したのは、労働分配率が低下したからではない。総人口が減少している（2010年から20年までの減少率は1・49％）のに対して、就業者数は増加した（2010年から20年までの増加率は6・0％）ために、一人当たりGDPは横ばいでも、賃金が低下したのである（つまり、分子の違いではなく、分母の違いである）。

就業者数の増加をもたらした大きな原因は、非正規労働者の増加だ。非正規労働就業者は労働時間が短いために、就業者全体として見た賃金が下落するのだ。

図表1-5 日本の一人当たりGDPの推移（万円）

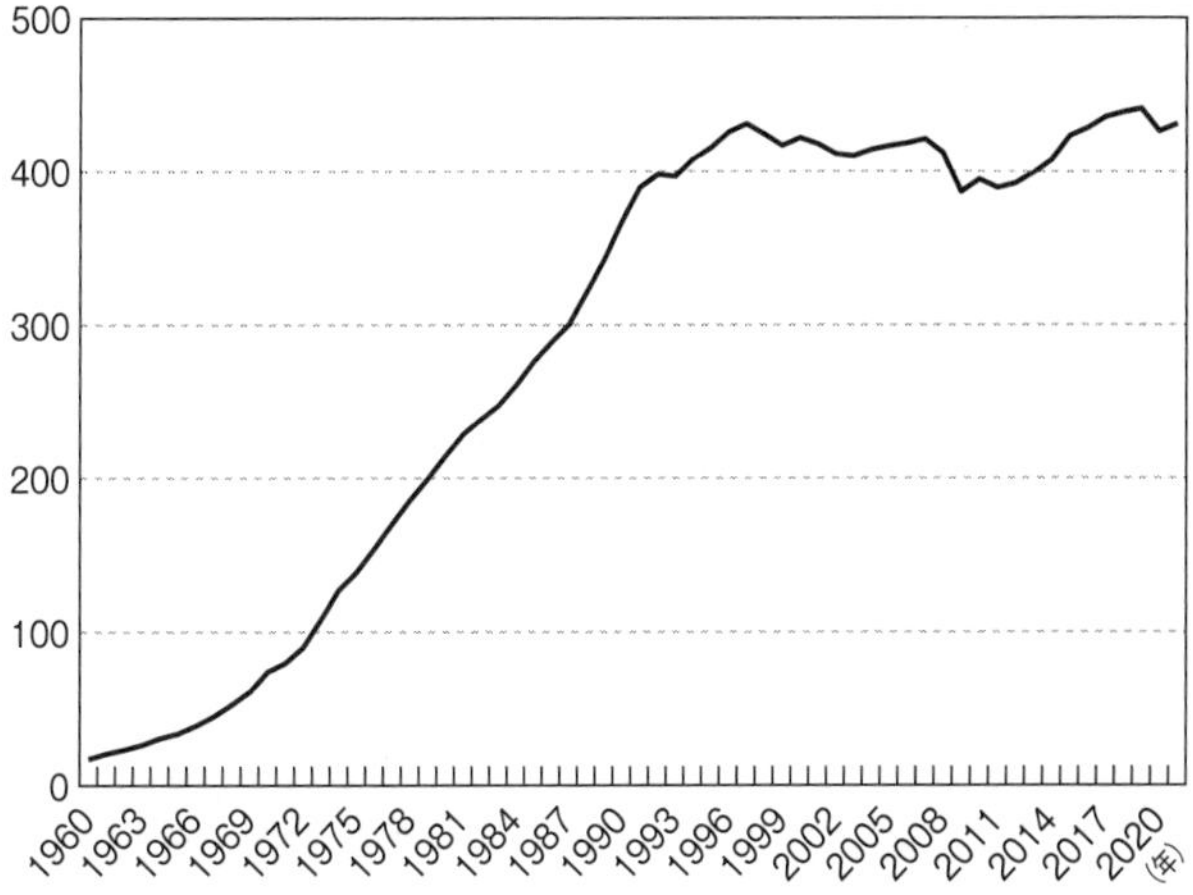

出所：世界銀行のデータより筆者作成

実際、ＯＥＣＤの統計で見ると、図表1-4に見られるのと同じように90年代後半の賃金下落現象は見られるものの、それよりは穏やかな下落になっている。

これは、ＯＥＣＤの統計は、「フルタイム当量」という考えで労働者数をカウントしているためだ（労働時間が少ない就業者を1人未満とカウントする方式。これに関する詳しい説明は、拙著『どうすれば日本人の賃金は上がるのか』〈日経プレミアシリーズ、２０２２年〉を参照）。

新しい資本主義の前に、30年前の活力を取り戻せ

図表1-6に、日米の一人当たりＧＤＰの対前年成長率の長期的な推移を示す。

図表1-6 日米の一人当たりGDP伸び率 (%)

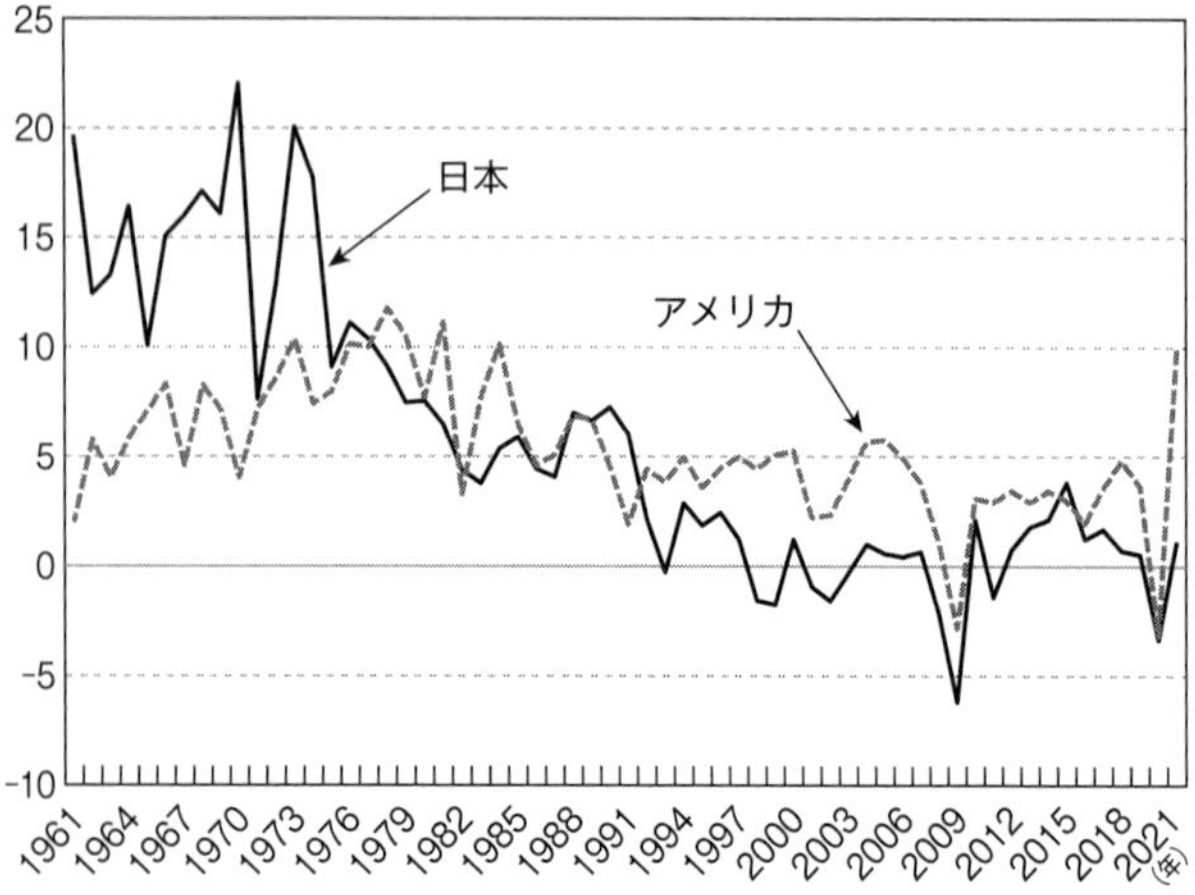

出所：世界銀行のデータより筆者作成

1970年代前半までは日本の伸び率が圧倒的に高かったのだが、70年代後半からは、日米の伸び率がほぼ同じになった。そして、1992年から日本の伸び率が低下したため、日米間の成長率格差が明確になった。2015年を除けば、どの年においても、日本の成長率が低い（2015年にGDP成長率が高まったのは、原油価格の低下による）。アメリカの成長率が3％を超えているのに、日本の成長率はせいぜい1％だ。

この状況を変えることが必要だ。アメリカを上回るのは無理としても、せめて年率2％程度の成長を安定的に実現することが必要だ。

岸田首相は、「分配なくして成長なし」と

言っていたことがあるが、賃金を引き上げようとするなら、経済成長を否定するわけにはいかない。そのためには、ＩＭＤのランキングで低下が著しいと指摘された日本企業の効率性を、かつての状態に戻さなければならない。

岸田首相は、「新しい資本主義」を目指すという。それはいいことだ（ただし、「新しい資本主義が何であるのかは、はっきりしない）。しかし、その前に、30年前の日本企業の活力を取り戻す必要がある。

岸田首相は、リスキリング（新しいスキルの獲得）を進めるという。これもいいことだが、それだけで解決できるような問題ではない。

さまざまな停滞現象を引き起こしている原因が何かを究明し、それに対処する必要がある。いまの日本に求められているのは、そうしたことだ。

日本の劣化は、人口高齢化のためか？

日本経済は、なぜこのように劣化してしまったのか？

日本の経済パフォーマンスを低下させている原因として、人口の高齢化がある。総人口に占める生産年齢人口の比率が低下し、労働力人口が減少するという現象だ。

これが、大きな問題であることは間違いない。

しかし、これはだいぶ前からあった問題だ。この20年間に急に悪化したというものではない。20年間で日本の地位が下がったのは、人口高齢化のためではなく、経済政策のためだ。

日本の地位後退は、円安のためか？

２０１３年から大規模金融緩和（異次元緩和）が行なわれ、金利が低下して円安が進んだ（これについては、第4章で詳述する）。では、右に見た日本の地位低下は、円安によってドル換算値が下がったためだろうか？

アメリカとの一人当たりＧＤＰの格差の拡大に円安が寄与したことは、間違いない。

しかし、対ユーロで見ると、２０１３年5月も２０２２年2月も、１ユーロは約１３０円で、大きな変化はない。

だから、右に見たドイツやフランスなどとの相対的な地位の変化は、為替レートの変化によるものではない。ドイツやフランスなどの経済成長率が日本より高かったためだ。

このことは、自国通貨建ての成長率を比較することによって、確かめられる。以下に見るように、日本の成長率は、異常といえるほど低いのだ。

図表1-7　自国通貨建ての一人当たりGDPの成長率（2012~22年）

国・地域	成長率（%）
台湾	58.6
韓国	43.4
アメリカ	41.2
イギリス	34.6
ドイツ	31.4
フランス	20.5
イタリア	19.3
日本	10.4

出所：IMFのデータベースより筆者作成

図表１−７に示すように、自国通貨建ての一人当たり名目ＧＤＰの２０１２年から２０２２年の間の増加率を見ると、日本は10・４％で、先進国40カ国中で38位だ。日本より増加率が低いのは、スイスとマカオだけである。

経済パフォーマンスが悪いと考えられているイタリアも19・３％だ。フランス、スペインは20％台だ。ドイツ、イギリス、オランダは30％台。アメリカ、韓国、スウェーデンなどは40％台だ。

このように、日本の成長率は、世界の中で例外的に低いのである。

ただし、日本の成長率は、アベノミクス以前から低かった。１９９０年代の中頃に成長が止まり、それ以降、成長していないのだ。これは、中国工業化に対して、日本が産業構造を転換できなかったからだ（これについては、第3章で詳述する）。さらに、ＩＴ革命に対応できなかったからだ。こうした傾向をアベノミクスで逆転できなかっただけだとも言える。

それに円安が重なったために、ドル表示の日本の一人当たりＧＤＰの地位が大きく落ち込んだのだ。

企業の競争力が落ちている

本章の1で述べたように、スイスのＩＭＤが作成する「世界競争力ランキング」の２０２2年版でも、右に見たのと同じ傾向が見られる。日本の順位は、対象63カ国・地域のうちで34位だ。そして、アベノミクス以前はもっと高かったことも同じだ（２０１０年から２０１8年までは、20位台だった）。

細分類項目での順位を見ると、「ビジネス効率性」分野での下落が、日本の順位低下の主要な原因となっている（２０１５年の25位から、22年の51位に低下）。

日本企業は、円安に安住して、技術開発の努力を怠ったのだ。円安は、このような意味で、日本の地位低下に大きな影響を与えた。

それに対して、台湾や韓国では、ハイテク企業が成長した。台湾の半導体メーカーTSMCは、この業界で世界のトップだ。韓国のサムスン電子以外は、追随できない。TSMCの時価総額はアジアのトップ（世界13位）で、トヨタ自動車の約1・9倍だ。台湾の躍進は、このように強い技術力を持った企業に裏付けられている。

日本は抜き返せるか？

２０１３年に導入された異次元緩和で、円安が進んだ。産業界からの「円高が6重苦の一つ」という声に応えたのだ。

しかし、円安が進めば、企業は格別の努力をしなくても、そこそこの収益を上げられる。そのため、生産性向上の努力を怠った。この結果、経済が成長しない状態に陥った。貿易面でも、日本の競争力が低下した。そして、世界における地位が著しく低下したのだ。

では、どうしたらよいのか？

具体的な目標として、一人当たりGDPで韓国・台湾を抜き返すことを目的にしたらどうだろう？

そのために必要なのは、補助金や金融緩和ではない。

時価総額でTSMCやサムスン電子を抜く企業を作ることだ。そして、それを実現するために、企業の成長を阻害している既得権益を排除するのだ。

こうしたことがなされない限り、日本に展望は開けないだろう。

第1章のまとめ

1．世界競争力ランキングで、日本企業の地位が惨憺たる状態だ。全体としての評価では世界の中間あたりだが、項目によっては世界最低になっている。時価総額で見ても、上位100社にはトヨタ1社しか入らない。どうしたらこの状態から脱却できるか？

2．日本の賃金は、長期にわたって横ばい、ないしは低下を続けている。一人当たりGDPも横ばいだ。また、日本企業の競争力も低下を続けている。

これらは、関連しあった現象であり、一つの指標だけが改善することはありえない。だから、賃金を引き上げるには、経済成長率を高める必要があり、企業の競争力を復活させる必要がある。

第2章

円安に襲われた日本の惨状

1――物価は上がるが、賃金は上がらず

円安が引き起こした物価高騰

第1章では、企業のパフォーマンスを中心として、日本経済の状況が長期間にわたって悪化してきたことを見た。この章では、2022年の急激な円安と物価高騰によって、それまで蓄積されてきた日本経済のひずみが一挙に顕在化したことを見る。

円安が引き起こした第一の問題は、物価高騰だ。物価高騰はドル建て資源価格の上昇で始まったが、2022年には円安の影響が大きくなった。

輸入物価の上昇は転嫁されて消費者物価を引き上げた。このため、労働者と消費者の暮らしは困窮した。また、外国人労働者の日本離れ現象が起きた。

零細企業は価格交渉力が弱いため、原価の値上がりを売上に転嫁できない。他方で、大企業は売上に転嫁している。だから、利益が記録的な水準にまで増加した。

図表2-1　各年5月の実質賃金指数（2020年を100とする指数）

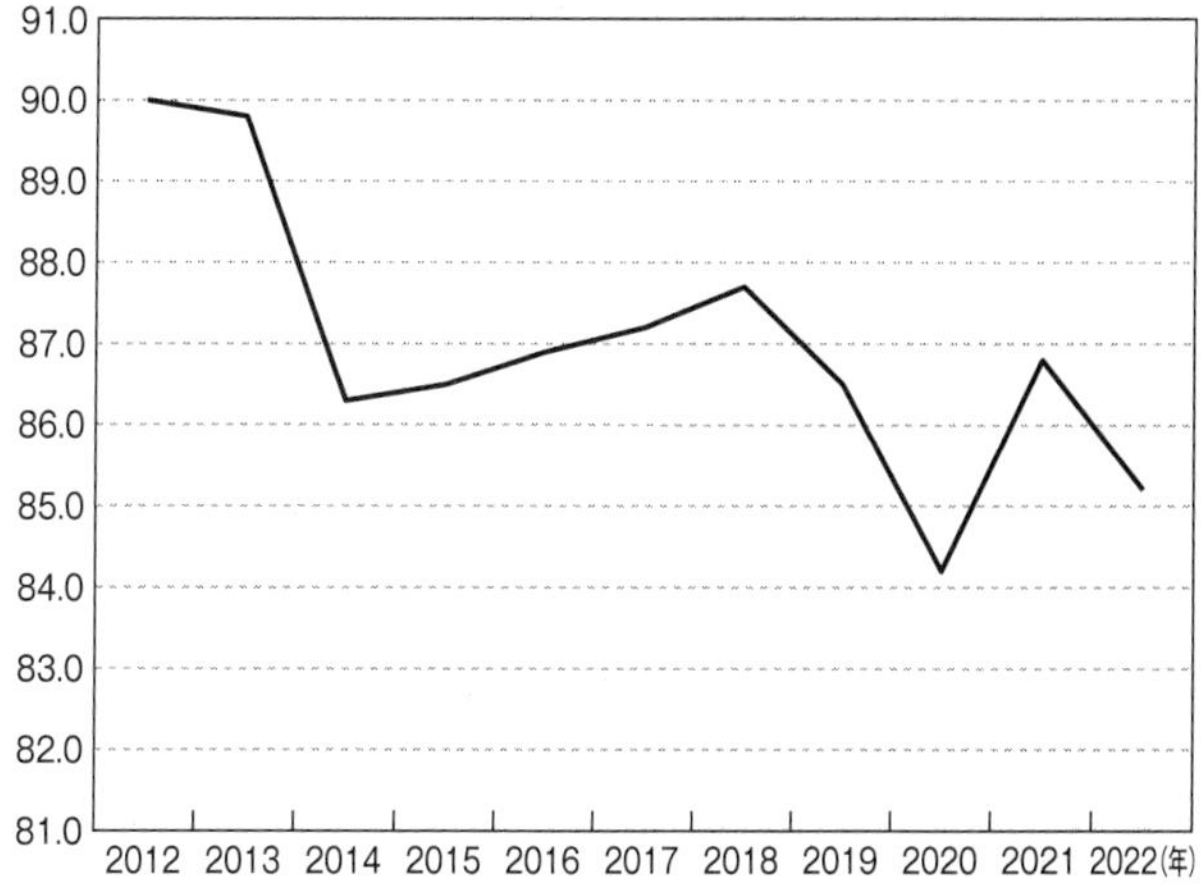

出所：毎月勤労統計調査のデータより筆者作成

物価高騰によって実質賃金が下落した

毎月勤労統計調査によって、実質賃金の中期的な推移を見ると、図表２−１のとおりだ（２０２０年＝１００とする指数。毎年、６月と12月の値が大きくなるので、５月の値は１００を下回っている）。

２０１４年には、消費税率引き上げの影響で物価が上昇し、実質賃金が下落した。また、２０２０年には、コロナ禍の影響で実質賃金が低下した。２０２１年にはそれから回復し、２０２２年３月までは実質賃金の対前年比がプラスになった。

しかし、２０２２年４月以降、物価が上昇する中で名目賃金が伸びないために、再び実

図表2-2　雇用者報酬の対前年同期比（季節調整系列、%）

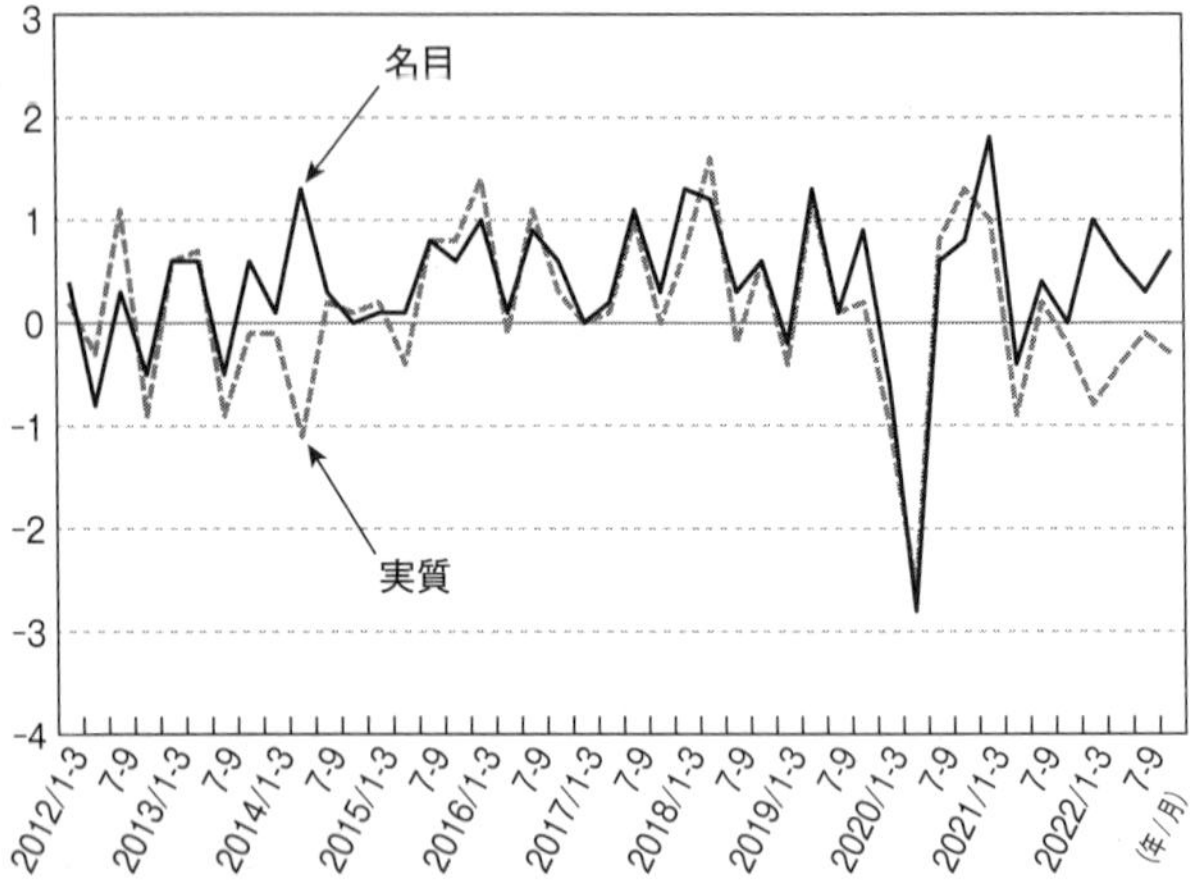

出所：内閣府のデータより筆者作成

質賃金が低下した。２０２２年４、５、６月の対前年同月比は、▲１・７%、▲１・８%、▲０・６%となった。その後も▲１%を超える減少率となり、10、11月には▲２%台となった。

　ＧＤＰ統計でも、同様の傾向が見られる（図表２−２参照）。

　雇用者報酬の対前年同期比（季節調整系列）は、２０２１年４―６月期、７―９月期にはそれぞれ▲０・９%、０・２%になったのだが、輸入物価の高騰が始まった２０２１年10―12月期に▲０・２%に下落し、２０２２年１―３月期以降は、名目の対前年同期比が上昇したにもかかわらず、マイナスになった。

　なお、２０１４年４―６月期から15年１―

3月期までは、消費税率引き上げの影響で、名目雇用者報酬伸び率と実質雇用者報酬伸び率が乖離《かいり》した。しかし、それ以外の期間においては、両者はほぼ同じ値だった。両者が2022年におけるように乖離したのは、ここに示す期間では初めての現象だ。

なお、「雇用者報酬」とは、民間企業のみならず、国・地方自治体、公共・社会サービスなども含む生産活動から生じた付加価値のうち、雇用者に分配された額のことだ。現金給与や現物給与の賃金・俸給の他に、社会保険の雇用主負担分も含まれる。ただし、個人事業主と無給の家族従事者は除かれる。

右記のように実質賃金の伸び率がマイナスになる一方で、企業の利益は著しい増加を示した。上場企業のうち、2022年3月期に過去最高益となった企業の比率は、30％以上となった。商社は大手7社がいずれも最高益になった。また、大手製造業も好調だった。

この傾向は、22年4－6月期にも続いた。純利益が同期間で過去最高となった企業が、全体の約4分の1になった。商社や石油、鉄鋼などが資源高の恩恵を受けた。

このように、実質賃金と企業利益の動向の間に、著しい格差が生じている。こうした現象はこれまでも見られたものだが、2022年には、それがとくに明確な形で表れた。

2——消費者には「インフレ税」、大企業には円安による補助

物価高騰の約半分は、円安による

物価が高騰したのは、まず第一には、資源価格や農産物価格が世界的に高騰したからだ。日本の場合には、急速な円安がそれに拍車をかけた。

2022年8月のデータで見ると、契約通貨ベースの輸入価格の対前年比は22・0%だが、円ベースでは42・8%だ。この差は、円安による。つまり、物価高騰の約半分は、円安によるのである。

資源価格の上昇は、日本政府の経済政策ではいかんともしがたい。しかし、円安は日本の経済政策によって変えることができる。それを怠っているのは、税をかけているのと同じことだ。

大企業は補助金を受けているのと同じ

こうした問題が起きているのに、日本銀行は断固として金融緩和を続けた。

金利を上げると、景気に悪影響があるからというのが、その理由だ。景気に対する悪影響とは、株価に対する悪影響、つまり、企業収益に対する悪影響のことだ。

実際、本章の1で述べたように、円安によって、大企業を中心として、企業の利益は増えた。とりわけ、エネルギー、資源関連の上場大企業はそうだ。

法人企業統計調査のデータ（金融機関を除く）で2022年4―6月期の計数を21年同期と比較すると、営業利益と経常利益は、それぞれ13・1％と17・6％という非常に高い伸びになった。

ただし、これに関しては、留意すべき点がいくつかある。

第一に、零細企業は惨憺たる有様だ。資本金2000万円以上―5000万円未満の企業では、営業利益や経常利益が減少した。従業員数も減少した。資本金1000万円以上―2000万円未満の企業では、売上も原価も、そして粗利益も営業利益も減少した。従業員数の減少率は4・6％に上る。

消費税率を上げたのと同じこと

物価が2％上昇するのは、消費税の税率を2％上げるのと同じことだ。そして、その税収を大企業に補助金として配っているのと同じことだ。

数年前、金融庁の金融審議会の報告書は、老後生活のために2000万円の貯蓄が必要だとした。この忠告にしたがって2000万円貯めて預金にした人は、将来、物価が元に戻らなければ、40万円の税金をかけられたのと同じことになる。

これに対して何の反対も起こらないのは、実に不思議な現象だ。

もし、同じことを消費税の税率引き上げで行なうと言えば、大反対が起こるだろう。しかし、効果は同じなのに、円安に対してはそうした反対が起こらない。

野党は、2022年7月の参議院選挙で、消費税の税率を下げるという提案をした。それにもかかわらず、インフレ税という形で消費税率引き上げと同じことが進行中である事態を、重大な問題だとはしていない。驚くべきことだ。

こうした状況を見ると、日本には、政府・日銀の経済政策をチェックする政治勢力が存在しないと考えざるをえないのである。

インフレ税は最も過酷な税

インフレ税は、最も過酷な税だとされている。それは、所得の低い人々に対しても負担を課すからだ。

インフレ税は、人類の歴史で数え切れないほど何度もあった。貨幣の改鋳《かいちゅう》という形でローマ帝国時代にもあったし、フランス革命中のフランスでもあった（アッシニア紙幣）。現代で有名なのは、第一次大戦後のドイツのインフレだ。また、革命後のソ連のインフレだ。これらは、その後の国の運命に大きな影響を与えた。

日本でも第二次大戦後に、インフレが起きた。そして、戦時国債が紙切れになった。

いま日本で、インフレ税が課されている。もちろん、歴史上のハイパーインフレの場合に比べれば、インフレ率はずっと低い。しかし、問題の本質は同じである。

日本の労働者は見捨てられている

物価高騰に対処するため、政府は物価対策をとりまとめた。しかし、これらは、問題の原因に対処するものでなく、問題を隠蔽しようとする対症療法にすぎない。相対価格の変化による市場の調整機能を殺してしまうという意味でも、問題だ（ガソリンなど相対価格が上昇している財やサービスへの支出は抑制すべきだというのが、市場が発しているシグナルなのである。この問題は第6章の2で再述する）。

必要とされるのは、問題の根源である円安に対処することだ。それを放置して物価対策だと言うのは、アクセルとブレーキを同時に踏んでいるのと同じであり、正視に耐えない状態だ。

本来であれば、野党が追及すべきだが、何の動きもない。日本には、企業（とりわけ大企業）の立場からの経済政策を求める政治勢力は存在するが、労働者の立場からの経済政策を求める政治勢力は存在しない。

実質賃金低下問題は、2022年7月の参議院選挙で最大の論点になるべきだった。そして野党からは、法人税率の臨時引き上げといった提案がなされても、おかしくなかった。しかし、実際には上滑りの物価対策しか議論されなかった。

当時すでに円安が続いていたので、実質賃金が低下を続けることはほぼ確実だった。そして、日銀は、賃金が安定的に上昇するのでない限り金融緩和を続けるとしていた。しかし、円安が続く限り、実質賃金が上昇することなどありえない。

日本の労働者は見捨てられている。実質賃金の水準を維持するというごくささやかな願いですら、顧みられることがない。

3——働く人が日本を見捨てる

外国人労働者の日本離れ

日本人の多くは、日本が受け入れさえすれば、外国人労働者が来てくれると考えている。しかし、円安が進んでドル換算した日本の賃金水準が国際的に見て低くなると、日本に来てほしいと望んでも、外国人労働者は来てくれなくなる。

これは、現実に生じつつある問題だ。建設や介護などの業種で「日本離れ」が始まっていると言われる。

日本円は、ベトナム通貨ドンに対して、2022年にはかなり減価した。このため、故国の家族に仕送りしているベトナム人労働者が、その金額が目減りすることに不安を感じ、日本での仕事をやめて帰国を考えているケースが増えているという。フィリピンでは、日本より高賃金で、しかも英語を使えるオーストラリアやニュージーランドなどへの人材流出が加速しているそうだ。

日本への労働者の送り出し国で最大であった中国では、国内賃金の急上昇によって、外国への出稼ぎの魅力がなくなりつつある。日本への労働者は、2010年以降は微増にとどまっている。

2020年には、送り出し国として、ベトナムが首位となった。そして、ネパールなどに移りつつある。日本の賃金が上がらず、さらに円安で低下すれば、日本で就職しようとする人は、今後ますます少なくなっていくだろう。

NTTはGAFA予備校？

日本の高度人材の海外流出も目立つようになった。NTTでは、若手の優秀な技術者が、基礎知識を学んだ後に「GAFA」などの海外大手IT企業に転職していく動きが加速しているという。このため、「NTTはGAFA予備校になった」と言われることがある。

NTTはこうした状況に対処するため、転勤や単身赴任をなくし、また、主要会社の従業員の半分に当たる3万人を対象に、居住地を自由にするなどの措置を取った。この制度によって、都市部に単身赴任していた1500人のうち200人が、地元に帰ってテレワークをしている。さらに、20代でも課長級の役職に抜擢したり、初任給アップなどを検討するという。

こうした対応がなされるのは、望ましいことだ。しかし、GAFAの賃金水準は、とてつもない水準だ。

日本円に換算して、基本給が数千万円。高度な技術者の場合には1億円を超えることもある。これに対抗するのは、容易なことではない。

これでは、日本でいくらデジタル人材を養成しても、海外に流出してしまう。だから、デジタル化を進めようとしても、できない。

もちろん、円安を是正しただけで、問題が解決できるわけではない。しかし、緩和はできるだろう。逆に、円安を放置すれば、賃金格差はさらに拡大してしまう。そして、流出先は、GAFAにとどまらず、広がっていくだろう。

4――天国の大企業と地獄の零細企業

天国と地獄

２０２１年秋以降、世界的に資源価格が高騰し、それに円安が加わって、輸入物価が高騰した。これは企業の原価を上昇させる。ところが、企業によっては、このすべてを売上に転嫁することができないため、窮地に陥っている。小さな飲食店などで、これが深刻な問題になっている。

他方で、上場企業の業績は好調だ。とくに資源関係の企業の純利益は史上最高だ。

法人企業統計調査のデータ（金融機関を除く）を分析すると、つぎに示すように、物価高騰の影響は、企業規模によって天国と地獄の差があることが分かる。

企業全体の業績は好転

図表2-3は、企業の売上、原価などについて、2022年4―6月期の計数を21年同期と比較したものだ。

全企業について見ると、売上高の増加率(7・2%)は、売上原価の増加率(7・7%)を下回った。それにもかかわらず、粗利益(売上-売上原価)は、5・7%増加した。これは、図表2-4に見るように、売上高の増加額(22・6兆円)が原価の増加額(18・1兆円)を上回ったからだ。

価格転嫁がどの程度なされたかは、売上高や原価の「増加率」ではなく、「増加額」で判断すべきだろう。売上の増加額が原価の増加額より大きければ、粗利益は増加する。それにより、賃金や利益を増やすことが可能になる。つまり、企業は、売上原価の上昇を売上に転嫁したことになる(なお、売上や原価の変化が、数量の変化によるのか、あるいは価格の変化によるのかについては、後述する)。

図表2-3、2-4の「全規模」の数字を見る限り、企業の業績は好転している。物価上昇に伴う原価の上昇を売上に転嫁できずに苦しんでいる企業が多いと言われるのだが、そうし

図表2-3 企業の売上高などの対前年同期比（2022年4−6月期）

	売上高	売上原価	粗利益	営業利益	経常利益	従業員数	一人当たり給与・賞与
全規模	7.17	7.67	5.69	13.07	17.63	0.10	2.64
10億円以上	11.05	11.77	8.78	14.88	23.19	-1.91	3.99
1億円以上－10億円未満	6.82	5.86	10.53	16.86	16.72	3.86	0.31
5千万円以上－1億円未満	11.83	10.74	15.29	51.15	44.49	5.72	2.57
2千万円以上－5千万円未満	7.76	10.16	1.41	-25.90	-18.18	-1.24	5.80
1千万円以上－2千万円未満	-9.01	-9.07	-8.89	-3.53	-19.83	-4.56	0.31

注：従業員数の単位は人。それ以外は％
出所：法人企業統計調査より筆者作成

図表2-4 企業の売上高などの対前年同期増加額（2022年4−6月期）

	売上高	売上原価	粗利益	営業利益	経常利益	従業員数	従業員給与・賞与
全規模	22,553,702	18,056,207	4,497,495	2,042,243	4,244,553	30,927	912,449
10億円以上	14,235,821	11,486,475	2,749,346	1,498,399	3,781,844	-143,117	215,588
1億円以上－10億円未満	4,576,733	3,128,082	1,448,651	445,963	535,364	256,119	307,952
5千万円以上－1億円未満	4,689,468	3,243,332	1,446,136	457,864	554,682	312,087	413,024
2千万円以上－5千万円未満	2,846,573	2,704,605	141,968	-334,201	-329,144	-72,509	210,919
1千万円以上－2千万円未満	-3,794,893	-2,506,287	-1,288,606	-25,782	-298,193	-321,653	-235,034

注：従業員数の単位は人。それ以外は百万円
出所：法人企業統計調査より筆者作成

た状況は、この数字からは見られない。

従業員給与・賞与の伸びは2・6%にとどまった半面で、営業利益や経常利益は、それぞれ13・1%、17・6%という非常に高い伸びになった。このように、資源価格高騰や円安は、企業にとって望ましい影響を与えている。

他方で、賃金は伸びず、消費者物価は上昇している。したがって、円安・物価高騰によって、企業の状況は好転しているが、消費者の状況は悪化しているということになる。

地獄に落とされた零細企業

ところが、状況を企業規模別に見ると、以上で見たのとは著しい違いが見られる。

とくに悲惨なのが、資本金が5000万円未満の企業だ。資本金2000万円以上―5000万円未満の企業では、売上増加額と原価増加額がほぼ同程度だ。その結果、営業利益や経常利益が減少している。また、従業員数も減少している。資本金1000万円以上―2000万円未満の企業では、売上も原価も、そして粗利益も営業利益も減少している。従業員数の減少率は4・6%という高い値だ。

資本金が1000万円以上―5000万円未満の企業の従業員数は1249万人であり、

法人企業統計調査がカバーする企業の総従業員数3249万人の38・4%を占める。このように、全体の中で無視できない比重を占めている企業の状況が、このようなものなのだ。

これより規模の小さい企業もある。また個人事業主は法人企業統計では把握していない。こうした企業は、いま見た資本金1000万円以上―5000万円未満の企業と同じ状況、あるいは、それより悪い状況に陥っていると考えられる。

大企業では、利益増加率が2桁

前項で見た以外の規模の企業についての状況は、つぎのとおりだ。

どの資本金階層においても、売上高の増加額は原価の増加額より大きい。その結果、粗利益が増大している。つまり原価の上昇は、売上に転嫁されている。

この傾向がとくに著しいのは、資本金1億円以上―10億円未満の企業と、5000万円以上―1億円未満の企業だ。ここでは、売上高の増加率が原価の増加率を上回っている。その結果、粗利益、営業利益、経常利益のどれについても、増加率が2桁になっている。5000万円以上―1億円未満の企業では、営業利益が50%を超える高い伸び率を示している。

このように、物価上昇による影響は、資本金階層によって大きく違う。なぜ企業規模によって大きな違いが生じるのだろうか？

それは、企業間の取引は、経済理論で想定しているような競争市場（多数の参加者による競争的な市場）において行なわれるのではなく、少数の関係者によって行なわれ、価格が決められるからだ。

その場合、特殊な技術などで差別化できる能力を持っているのでなければ、大企業が強い立場にあり、零細企業はそれに従わざるをえない。零細企業は、価格面で譲歩しても、取引を獲得できることのほうが重要と考えるだろう。下請け企業の場合には、とくにこうしたことになる。

もちろん、こうした関係は、平常時においても存在するものだ。ただ、経済環境が変化しなければ、やむをえないものと考えられることが多い。しかし、今回のように価格が急激に変わる場合には、大きな問題をもたらすことになる。

数量の変化か、価格の変化か？

以上では、売上や原価の総額の変化を見た。この変化が、売上や仕入れの数量の変化によるのか、あるいは価格の変化によるのかは、以上で見た数字だけからは分からない。

ただし、売上高の増加率も、売上原価の増加率も、ほぼ10％程度だ。売上や仕入れの数量が10％も増加したとは考えられないので、図表2-3、2-4に示す増加の大部分は、価格の上昇によるものと考えられる。

しかも、10％という数字は、企業物価の上昇率とほぼ等しい（2022年4月頃の企業物価の対前年比は、10％程度だった）。このことから推測すると、数量はあまり増えず、価格高騰によって売上や原価が増加したと考えられる。

賃金は今後も上昇しないだろう

図表2-3に見るように、企業の業績によらず、賃金は大幅には引き上げられていない。とりわけ、大企業の利益が著しく増加しているのに、賃金はさして上がっていない。このことが問題だとする見方が多い。

ただし、これは、これまでも見られた現象であり、今回が初めてではない。しかも、賃金分配率（粗利益に占める賃金の比率）が傾向的に低下しているわけでもない。それは、企業利益が落ち込むときにも、賃金はほぼ一定の水準に維持されてきたからだ。このことは、2020年にも見られた。企業利益が激減する中で、賃金はほぼ一定の水準に維持されたのである。

日本銀行は、賃金が安定的に上昇するようにならない限り金融緩和をやめないとしているが、賃金上昇率がこれまでの傾向から顕著に高まるような事態が起こる可能性は低い。だから、「賃金が上昇しない限り」というのは、「いつまでも金融緩和を続ける」というのと、ほぼ同義だ。

以上で見たように、価格高騰の影響は、企業規模によって大きな違いがある。苦しんでいるのは零細企業だ。それに対して、規模の大きな企業は、原価を売上に転嫁しており、業績は好転している。

円安が問題だと言われながら、日銀は、2022年12月まで、金融緩和政策を堅持するとしてきた。これは、大企業が円安で利益を得ているからだろう。

5――下請け構造の歪みが顕在化

製造業では、大企業以外は、コスト増を転嫁できず

前節で、法人企業統計調査のデータによって、原材料価格の転嫁の状況を調べた。そして、規模の小さい企業ほど転嫁が不十分である状況が見られるとした。

前節で対象としたのは「全産業」である。しかし、転嫁の程度は、産業によってもかなりの差がある。そこで以下では、製造業と非製造業を区別して調べてみることとしよう。

製造業について、企業規模別に売上高と原価の対前年増減額を見ると、図表2-5のとおりだ。

資本金10億円未満の企業では、すべての資本金階級で、売上原価の増加が、売上の増加を上回っている。つまり、物価高騰によるコストの増加を売上に完全には転嫁できない状態になっている。

資本金５０００万円未満の企業では、原価の増加額の半分程度しか売上に転嫁できていない。この結果、粗利益（売上－原価）が減少している。中でも、資本金２０００万円以上－５０００万円未満の企業の落ち込みが顕著だ。粗利益の減少率は20・３％にもなる（減少率は、表には示していない）。資本金５０００万円未満の企業では、営業利益も経常利益も、対前年比で２桁の減少率になっている（減少率は、表には示していない）。

製造業の大企業は、コスト増以上に売上増

つぎに、資本金10億円以上の企業を見よう（図表2-5）。これらのほとんどは、上場企業と考えられる。以下では、この資本金階層の企業を「大企業」と呼ぶことにする。

大企業の場合は、売上増が、売上原価の増を上回っている。つまり、コストの増加をすべて売上に転嫁し、それ以上に売上が増えている。この結果、粗利益（売上－原価）が増加している。対前年増加率は５・４％だ（増加率は、表には示していない）。

その結果、利益が大幅に拡大している。対前年比で見ると、営業利益は１・35％の増、経常利益は20・１％増となっている（増加率は、表には示していない）。

円安、物価高騰下で、上場企業の業績が好調なのは、このように、原価の高騰を売上に転

図表2-5 製造業における転嫁の状況
（2022年4-6月期の対前年同期増加額）

	企業数	売上高	売上原価	営業利益	経常利益	従業員数	粗利益
全規模	-2,641	5,716,040	5,442,008	-382,044	1,174,878	-259,560	274,032
10億円以上	-43	4,505,894	3,824,035	49,577	1,500,917	-152,093	681,859
1億円以上－10億円未満	0	324,667	338,071	8,904	63,394	-26,760	-13,404
5千万円以上－1億円未満	-1	358,467	361,302	-56,039	50,210	-203	-2,835
2千万円以上－5千万円未満	-363	382,058	681,495	-170,284	-200,427	-18,676	-299,437
1千万円以上－2千万円未満	-2,234	144,954	237,105	-214,202	-239,216	-61,828	-92,151

注：企業数と従業員数の単位は人。それ以外は百万円
出所：法人企業統計調査より筆者作成

嫁しているからだ。

なお、大企業の場合、対前年増加率で見ると、原価上昇率が売上高増加率より高い。しかし、粗利益の増減に影響するのは、増加率ではなく、増加額だ。

下請け構造がもたらす歪み

以上で見たように、製造業の場合に、コストの増加をどれだけ転嫁できるかは、企業規模によって非常に大きな違いがある。この原因は、下請け構造にあると考えられる。

製造業の場合、消費者に直接販売するのは大企業が中心であり、中小零細企業は、より規模が大きい企業の下請けになっている場合が多いと思われる。

下請けの市場は、経済学が想定している完全市場とはきわめて異質なものだ。すなわち、多数の売り手と多数の買い手によって競争的に価格が形成されるのではなく、少数の参加者による相対的な取引で価格が決定される。多くの場合、一つの企業の同一製品について、複数の下請け企業がある。そして、下請け企業から見ると、発注元は一つの企業である場合が多い。

こうした状況では、下請けの零細企業は原価が高騰しても、それに見合うだけの製品価格引き上げを発注大企業に要求できない。それどころか、値下げを要求される場合もあると報道されている。図表2-5には、まさにそうした構造が表れている。

非製造業では、零細企業以外は転嫁が進む

図表2-5で見たように、製造業では、資本金10億円未満では、すべての資本金階級について、売上原価の増が、売上の増を上回っている。ところが、前節で示した全産業の場合には、資本金2000万円以上の企業で、売上増が原価増を上回っている（図表2-4）。これは、非製造業では、転嫁が進んでいることの影響だ。

実際、図表2-6に見られるように、非製造業の場合には、資本金2000万円以上に限

図表2-6 非製造業における転嫁の状況
（2022年4-6月期の対前年同期増加額）

	企業数	売上高	売上原価	営業利益	経常利益	従業員数	粗利益
全規模	-5,504	16,837,662	12,614,199	2,424,287	3,069,675	290,487	4,223,463
10億円以上	-67	9,729,927	7,662,440	1,448,822	2,280,927	8,976	2,067,487
1億円以上－10億円未満	330	4,252,066	2,790,011	437,059	471,970	282,879	1,462,055
5千万円以上－1億円未満	544	4,331,001	2,882,030	513,903	504,472	312,290	1,448,971
2千万円以上－5千万円未満	422	2,464,515	2,023,110	-163,917	-128,717	-53,833	441,405
1千万円以上－2千万円未満	-6,733	-3,939,847	-2,743,392	188,420	-58,977	-259,825	-1,196,455

注：企業数と従業員数の単位は人。それ以外は百万円
出所：法人企業統計調査より筆者作成

れば、あらゆる資本金階層で、売上の増加が原価の増加を上回っており、その結果、粗利益が増加している。

これは、非製造業の場合には、下請け構造が製造業におけるほど顕著でないためか、あるいは、下請けが存在するにしても、製造業の場合とは性格が異なるものであるからだろう。そして、どの資本金階層の企業も、直接に消費者に販売しており、その結果、転嫁が進んでいるのであろう。

粗利益は、資本金２０００万円以上のすべての資本金階層の企業で、前年より増加している。増加率も、資本金５０００万円以上の企業では、２桁という高い値になっている。

ただし、資本金２０００万円未満の企業

は、以上とは全く異なる状況にある。この資本金階層の企業では、粗利益が前年比9・6％減と、大きな落ち込みになっている。こうなるのは、この階層では、売上が前年より11・3％も減少しているからだ。企業数も前年より1・3％減少している（以上の数字は、表には示していない）。ただし、粗利益減少率は企業数減少率より高い値だから、残存した企業でも、一企業当たりの粗利益が減少したと考えられる。

このように、原価の高騰で苦境に陥っているのは、製造業の零細企業に限ったことではない。非製造業の零細企業も、困難な状態に陥っている。

物価高騰の犠牲者は、消費者と零細企業

結局のところ、物価高騰の犠牲者は、消費者と零細企業ということになる。消費者は、消費財の価格が上昇することにより負担を負っている。製造業の零細企業は、原材料費の値上がりを発注者への販売価格に反映させることができないために、負担を負っている。

非製造業の零細企業は、原材料費の値上がりを最終消費者に転嫁することができず、粗利益が減少し、最悪の場合には営業停止に追い込まれている。飲食業の場合に、典型的にこのような現象が生じていると考えられる。

企業規模の違いによる差が鮮明化

日本では、大企業と零細企業の格差がさまざまな面で見られる。ここで見たことも、その一つだ。大企業では、史上最高益を記録しているところも多い。その半面で、零細企業は、これまで見てきたような惨状だ。これは、円安のもたらす効果が著しく偏っていることを意味する。

日銀は金融緩和を維持し、円安を放置している。金利引き上げを認めると、景気が悪化するというのが、その理由だ。しかし、これまで述べたことから明らかなように、それは大企業から見た評価だ。大企業は円安と物価高によって粗利益を増大させ、営業利益や経常利益を増大させている。しかし、零細企業は、物価高によって苦しい状況に追い込まれているのだ。それを救うには、金融緩和を停止することによって、物価高騰を緩和するしかない。

物価対策の策定に当たっても、以上で述べた状況を考慮に入れる必要がある。

ガソリン価格抑制のために補助金が支出されているが、その恩恵は、大企業にも及ぶ。ここで述べたような状況を考えたとき、それが公平の立場から見て許容されるか否か、大いに疑問だ。

第2章のまとめ

1. 物価高騰によって実質賃金が下落している。他方で、資源関連の企業は過去最高益を記録している。
2. この状況は、労働者・消費者に税をかけ、その収入を大企業への補助金とすることと同じだ。こうした状態が放置されるのは、日本の政治が機能していない証拠だ。
3. ドル表示の日本の賃金が低下すると、海外から人材が日本に来なくなる。また、高度人材が日本から流出する。
4. 物価高騰が企業業績に与える影響は、企業規模によって大きく異なる。規模の大きな企業の利益が増大する半面で、零細企業の利益は減少している。
5. 製造業では、大企業以外は、原価上昇のすべてを売上に転嫁できず、粗利益が減少している。零細企業、中小企業の多くが下請け企業であり、価格交渉力がないためだろう。非製造業では、転嫁がかなり進んでいるが、零細企業は悲惨な状態にある。

第3章

30年間の円安政策が日本を弱くした

1――円安が日本病の根本原因

日本病が円安をもたらすのではなく、円安が日本病をもたらす

第1章と第2章とでは、現在の日本がさまざまな問題に直面していることを見た。以下の各章では、なぜこのような事態がもたらされたのか、日本の経済政策にどのような問題があったのかを検討する。

この章では、2000年頃からの長期的な期間を対象に、日本の経済政策を見る。第4章以降では、アベノミクスの大規模金融緩和と、現在の経済政策について述べる。

円安は、いまに始まったものではない。各国間の物価上昇率を反映した実質実効為替レートで見た円の実質的な価値は、1990年代の中頃がピークで、それ以降は低下を続けている。2010年頃にユーロ危機の影響で一時的に円高になったのを除くと、ほぼ一貫して円安が続いている。2013年にアベノミクスで大規模な金融緩和が開始されてからは、とく

にその傾向が顕著だ。

こうした長期的な円安の根底にあるのは、日本経済の長期停滞だと言われることがある。成長力の弱さ、低い生産性、上がらない賃金などに代表される「日本病」が、円安をもたらしているというのだ。

こうした側面が全くないわけではない。しかし、主たる因果関係は逆だ。日本経済が長期停滞に陥ったために円安がもたらされたのではなく、意図的な円安政策が日本病をもたらしたのだ。

日本病がいつから始まったかは、データではっきりと確かめることができる。

実質GDPの推移を見ると、順調に成長を続けていた日本経済は、1990年代の中頃に天井にぶつかり、それ以降は成長しなくなった。停滞状態は、現在に至るまで続いている。賃金も同様の動きを示している。企業の利益もそうだ。短期的な変動はあるが、傾向としては、やはり同じような動きを示している。

つまり、日本は、全体として見れば、1990年代の中頃以降、長期停滞に陥ってしまったのだ。これが「日本病」だ。

それからすでに30年近く経つ。これは、根が深い問題だ。簡単に解決できるものではない。以下では、長期的な観点から、日本の経済構造の問題を考えることとする。

中国の工業化で鉄鋼業と化学工業が打撃を受ける

戦後日本の高度成長を牽引したのは、製造業である。とくに、鉄鋼業、化学工業などの装置産業（重厚長大産業）、そして、自動車や電気機器製造業だ。

ところが、1980年代に、世界に大きな変化が生じた。それは、中国の工業化だ。中国がそれまでの鎖国的な社会主義経済から改革開放路線に転換し、安い豊富な労働力を使って安価な工業製品を製造し、それを世界市場に輸出し始めた。これによって、先進国の製造業が絶大な影響を受けたのである。日本の製造業は、とりわけ甚大な影響を受けた。

1960年代と70年代においては、製造業のさまざまな業種がほぼ歩調を揃えて高成長した。

しかし、1980年代になると、この傾向に異変が生じる。最初の異変は鉄鋼業に生じた。それまで急成長を続けていたのが、停滞に陥ってしまったのだ。年間銑鉄《せんてつ》生産量でいえば、約1億トンのレベルで頭打ちとなった。

これは、中国の鉄鋼産業が離陸し、生産と輸出を拡大したことの影響だ。中国の粗鋼生産量は、１９７０年代には、３０００万トン未満だったが、80年代に７０００万トン程度となり、１９９０年代後半には日本を抜いた。

日本の鉄鋼業の売上は、その後、低迷を続けた。90年代には、円高を反映して、さらに落ち込んだ。この頃、全国の製鉄所で、火を落とす高炉があいついだ。

鉄鋼業は、日本の高度成長を支えた最も重要な産業であった。「鉄は国家なり」と言われ、八幡製鐵や富士製鐵は経団連会長を輩出した。

その鉄鋼業が、苦境に陥ったのだ。その象徴が、新日本製鐵（現、日本製鉄）が遊園地事業に乗り出したことだ。かつて福岡県北九州市にあったテーマパーク「スペースワールド」は、八幡製鐵所の遊休地に１９９０年４月に開業したテーマパークだ。

石油化学でも、中国で石油コンビナートの建設が進んだ。そして１９８０年代の後半になると、中国の影響が日本にも及んでくる。そして、売上高の伸び率が鈍ってくる。このように製鉄業と石油化学という2つの装置産業において、日本の産業が行き詰まった。また、造船業も、韓国に押されて不調に陥った。

このような装置産業に大きく依存する瀬戸内工業地帯や、室蘭、釜石などの企業城下町で、地域経済の不況が深刻になった。

従来の産業を残すために、円安に頼った

中国工業化に対して本来行なわれるべき対応は何であったか？

それは、新しい産業を作り、新しい産業構造に転換することであった。そして、中国との差別化を図ること、中国ではできないものを作ることだった。

ところが、それは産業構造の大転換を意味する。いままで働いていた職場では働けない。場合によっては失業してしまうだろう。それは、大きな社会的不安をもたらす。

そこで、日本がとったのが、円安政策だった。

日本国内で賃金が上がらずに円安になれば、日本の労働者の賃金は、ドル表示で見れば安くなる。それによって、製品コストの面で中国と対抗できるようにし、従来の製造業を中心とした産業構造を残そうとしたのである。

つまり、日本の労働力を世界に向かって安売りすることによって、中国工業化に対応しようとしたのだ。

2003年、大規模な円安政策が始まる

１９９０年代にも為替介入が時折行なわれていたが、大規模な円安介入が行なわれたのは、２０００年代になってからである。この背景は、円高が進んだことだ。

為替レートは、２００２年初めの１ドル１３０円台から、03年初めには１１０円台にまで上昇した。さらに、１００円に近づいた。

政府・日銀は、これを危機的な状況と捉え、03年１月から頻繁なドル買いを開始した。03年１月から04年３月まで継続的に行なわれた介入の総額は、35兆円以上に達した。

これによって円高の進行は止まり、為替レートは円安に転じた。そして苦境に陥っていた重厚長大産業が、息を吹き返したのである。

こうして、高度成長期の古い産業構造がほぼそのまま残った。この状況が、現在に至るまで続いている。

ただし、２０００年代の初めに鉄鋼業が復活した理由は、簡単ではない。単に円安になったから輸出が増えたということではなく、アメリカの住宅バブルの影響で自動車の生産が増加したことの影響があったと考えられる（このメカニズムについては、次項で述べる）。

実際、２００８年のリーマン・ショックで自動車の生産が落ち込むのと対応して、鉄鋼の売上も落ち込んだ。

2000年代の円安により、アメリカでバブルが起きる

円安によって、日本の自動車の輸出が増大したのは、つぎのようなメカニズムによるものだった。

2000年代中頃に、アメリカで住宅ローン証券化商品のバブルが生じた。住宅を買い替えたり、住宅ローンを契約し直すだけで、巨額の差益が発生するという事態が生じた。この差益金で、自動車を買う動きが広がったのだ。

それがアメリカ国内における自動車の需要を異常に増加させた（なお、このメカニズムの詳細は、拙著『経済危機のルーツ』〈東洋経済新報社、2010年〉を参照）。

このため、日本の自動車の輸出が増えた。これによって、鉄鋼業の売上も増えた。

しかし、住宅価格と証券化商品のバブルは崩壊した。これが2008年のリーマン・ショックだ。これによって、自動車も鉄鋼も、売上が落ち込んだ。自動車はその後回復したが、鉄鋼は回復しなかった。

円安は麻薬

では、円安になると企業業績が好転するのは、なぜだろうか？　円安になれば、輸出産業の売上は増大する。他方、輸入額も増加する。したがって、本来であれば、円安になったところで、企業の利益が増えるわけではない。しかし、企業は、原価の上昇分を売上に転嫁する。そして、最終的には消費者に転嫁される。

結局、企業にとっては、円建ての売上の増加という効果だけが残ることになる。このため、付加価値（ほぼ、粗利益＝売上－原価に等しい）が増加する。そして、利益が増加するのだ（なお、この過程で、増えているのは円建ての輸出額であって、輸出数量ではないことに注意が必要だ。この点については、第4章の5で再述する）。

こうして、企業は格別の努力なしに、利益を増加できる。

そうであれば、人減らしや合理化投資を行なう必要はない。また、新しい技術を開発したり、新しいビジネスモデルを探求する必要もない。旧態依然たるビジネスを続けていればよいだけだ。

この意味で、円安は「麻薬」だと言うことができる。

このようなことが30年間も続いたために、企業の体力が低下し、「日本病」から立ち直れなくなったのである。

2――日本の電機産業の凋落

ファブレス化に対応できなかった日本の電機産業

電気機器・情報通信機器製造業は、1970年代の後半から、日本の製造業の中で最大の売上高を記録するようになった。1980年代に装置産業が不況に陥っても、この業種は成長を続けた。

しかし、2000年頃から、大きな変化が生じる。

図表3-1は、国民経済計算（GDP統計）で製造業のいくつかの業種について、1994年から2021年の期間の付加価値（GDP）の推移を見たものだ。

輸送用機械は、2005年から08年頃に増えたが、期間を通じて見るとほぼ一定だ。

電子部品・デバイス・電気機械は、2000年から13年頃まで若干下落気味だったが、それ以降は、若干増加している。

図表3-1 製造業の業種別付加価値の推移（単位：10億円）

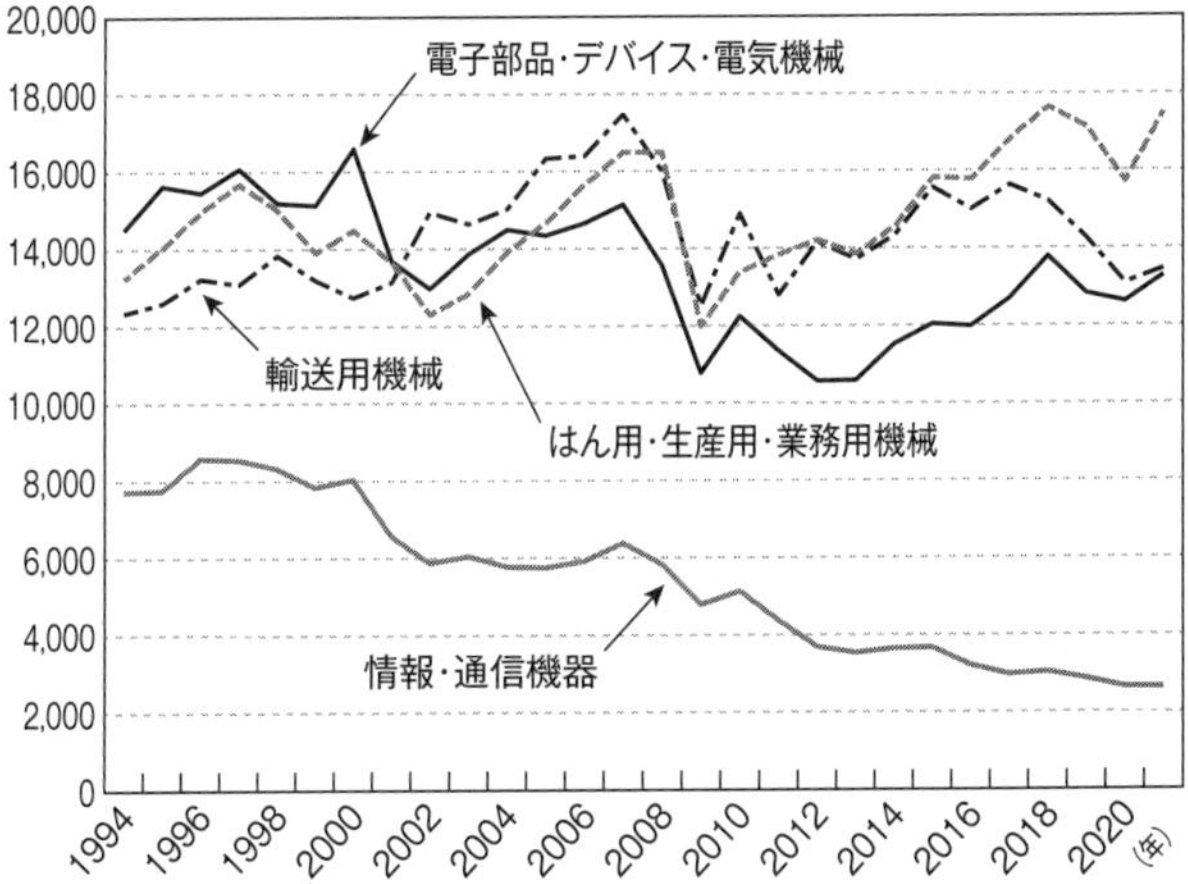

出所：「2021年度国民経済計算」のデータより筆者作成

ところが、情報・通信機器は、２０００年頃から減少傾向にあるようだ。２０２１年の付加価値は、95年の34％でしかない。

かつての日本の花形産業がこのように没落しているのだ。

２００３年4月には、「ソニー・ショック」（ソニーの株価急落）が生じた。２００４年頃に回復したが、リーマン・ショックで再び落ち込んだ。２０１１年には、三洋電機がパナソニックの完全子会社となった。２０１６年には、シャープが台湾の鴻海《ホンハイ》精密工業傘下の企業となった。

こうしたことになったのは、１９９０年代から世界で進行していた大きな変化への対処を怠ったためだ。

その変化とは、第一には、IT革命だ。1995年頃からインターネットの利用が広がり、データのデジタル化が進んだ。シリコンバレーなどの新興アメリカ企業が、研究開発力で高機能化・高付加価値化を進め、国際的な地位を高めた。また、半導体の製造では、台湾と韓国の企業が台頭した。ところが、日本のエレクトロニクス・メーカーは、従来型製品の生産から脱却できなかった。

第二は、2000年の初め頃から、世界の製造業で「水平分業」への移行が進んだことだ。その典型がアップルだ。アップル以外にも、アメリカの製造業では、製造工程を外部委託し、自らは開発・設計と販売に集中する「ファブレス」という「工場のない製造業」が登場した。ところが、日本では、垂直統合型の巨大工場が必要だとの意見が強かった。そして、アップルとは正反対の方向に驀進《ばくしん》した。

パナソニックの大坪文雄社長（当時）の、「わが『打倒サムスン』の秘策」（『文藝春秋』2010年7月号）は、こうした考えの典型だった。これは、韓国サムスングループの成長に危機感を抱き、サムスン電子に負けない大工場を作るという発想だ。

以上のことは、貿易構造にも表れている。本章の最初で、「日本経済の弱さが円安をもたらしている面がないとは言えない」と述べた。電機産業は、とくにそうだ。つまり、日本の電機産業の競争力が低下したために貿易赤字が拡大している面がある。それが円安の一つの原因になっているかもしれない（ただし、一般的に言えば、現在の世界においては、為替レートには、実需要因による影響より、資本移動による影響のほうが額的にはるかに大きい）。

電機産業におけるビジネスモデル選択は、円安だけに左右されたわけではない。しかし、それまでの円安のぬるま湯の中で、日本企業が新しいデジタル化への対処を怠ってきたことは否定できない。円安の中で、高度成長型の企業構造に凝り固まり、そこから脱皮できなかったのだ。進みつつあった水平分業の重要性を理解できず、垂直統合でただ大きくなればよいという考えだ。

２０１０年頃には、「日本経済の６重苦」という声が産業界から上がった。６重苦の筆頭が円高であった。円安に対する要求の強さが、その後のアベノミクスの異次元緩和につながっていくことになる。

成長率の低下の原因は、バブル崩壊ではない

日本の経済成長に終焉をもたらしたのは、バブル崩壊だと言われることが多い。確かに、日本病が始まった時点とバブルが崩壊した時点はほぼ一致している。80年代後半に、地価と

株価に著しいバブルが発生した。そして、株価は1990年の始め、地価は1991年がピークで、それ以降は下落に転じた。しかし、バブルは、いつかは必ず崩壊するものである。したがって、バブルが生じたことこそが問題だ。

では、なぜバブルが生じたのか？ それは、銀行が不動産融資を進めたからである。

日本の金融機関は不動産融資に走り、投機的な事業に投資した。それは、銀行の従来の貸出先であった製造業の資金需要がなくなり、貸出が減ったからだ。製造業で新しい設備投資が行なわれないために資金需要が減退し、銀行は資金運用難に陥ったのだ。

それは、すでに述べたように、世界経済の構造変化に日本が対応しなかったために生じたものだった。その意味で、日本病とバブルは同根である。

このときに必要だったのは、銀行が手数料を中心とする投資銀行的な業務に変身していくことだった。とくに日本の長期信用銀行は、投資銀行に進化していくべきだった。

しかし、これは簡単にできることではない。高度の知識が要求される。そこで、銀行は不動産の融資を行なったのだ。これによって80年代後半にバブルが起こり、一見して金融業が復活したかのように見えた。そのバブルが90年代の初めに崩壊したのだ。

この意味で、バブルの崩壊は、日本病の原因ではない。

では、この状況をどのようにして改革できるだろうか？　本章の最初に述べたように、これは日本の産業構造と社会構造を根底から変えることを意味するので、決して容易な課題ではない。補助金政策や金融緩和政策で達成できるようなことではない。

必要とされるのは、企業の構造を変えることである。その根本にあるのは、人材の育成だ。とりわけ大学における高度専門人材の育成が必要である。そして、そのような専門知識を、企業が報酬体系において評価することが必要だ。

さらに、古い産業や企業を残す要因になっている制度や政策を変えることだ。例えば、雇用調整助成金は、人材が新しい産業に移行することを妨げてきた。このような政策を転換することが必要だ。政府は雇用調整助成金のコロナ特例措置を２０２３年３月で廃止し、リスキリングに注力するとしている。そうした方向への政策転換が必要だ。

以上のような構造政策に関して、金融政策が直接寄与できるところは少ない。しかし、金融緩和政策を見直すことによって円安の進行を食い止めるのは、現在の日本にとって極めて重要なことだ。物価上昇を食い止めるというだけではない。円安に依存しない企業を復活させるという意味で、長期的な観点からも重要なことなのである。

3――競争力の低下で、経常収支が恒常的に赤字となる危険

構造要因による赤字拡大分は？

２０２２年４―９月の貿易収支は、約11兆円の赤字となり、年度半期ベースで過去最大となった。そして、２０２２年の年間貿易赤字は19兆９７１３億円となった。

これは、短期的な変化にすぎないのか？　それとも長期的に継続するものなのか？　それを判断するには、貿易収支がなぜ悪化したのかを分析する必要がある。

貿易赤字を拡大させたのは、つぎの３つの要因だ。

1．資源価格の高騰

2．円安（円安は輸入と輸出を同率だけ増加させるが、貿易収支が赤字だと、輸入の増加額のほうが大きくなるので、円安が赤字を拡大する）

3．日本経済の構造変化

1と2はよく指摘される。以下では、3が重要な意味を持っていることを指摘したい。

1と2は、いずれ収まる可能性があるが、3が大きな原因であるとすると、赤字は今後も継続する可能性がある。

3の影響を知るには、1と2の影響を取り除く必要がある。そのために、ここでは、つぎの方法を用いる。

まず、2の影響を除去するため、輸出、輸入、貿易収支をドル建てで見る。

そして、1の影響を除去するため、鉱物性燃料を除いた収支を考える（鉱物性燃料とは、原油、LNG、石炭など。なお、穀物価格の高騰も赤字拡大要因だが、額が少ないので、ここでは別扱いをしない）。

構造要因は、鉱物性燃料による赤字増の1・5倍

2004年と2021年の貿易収支を比べると、図表3-2、3-3に示すように、2004年の1104億ドルの黒字から、2021年の148億ドルの赤字へと1252億ドル悪

図表3-2 貿易収支の推移（単位:億ドル）

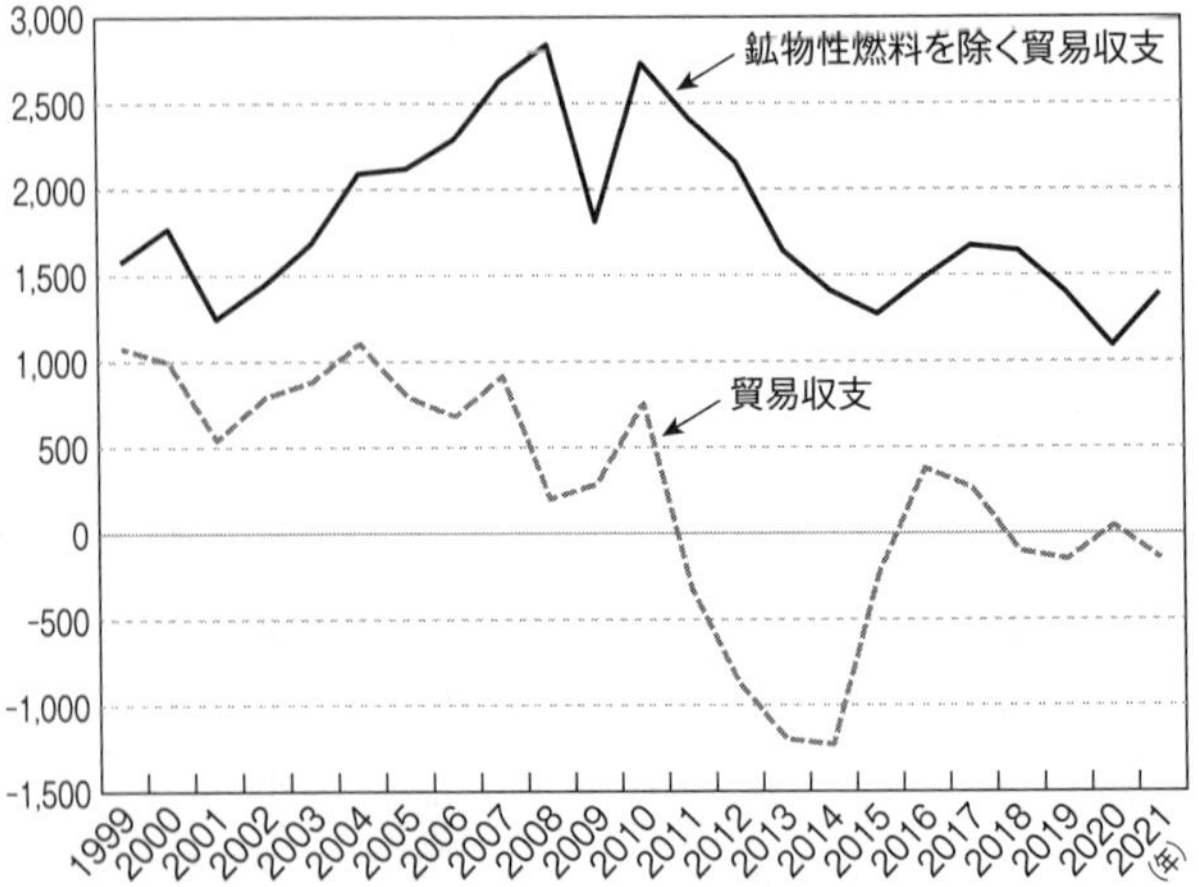

出所:JETROの資料より筆者作成

図表3-3 財別の貿易収支と変化（単位:千ドル）

	貿易収支		貿易収支悪化
	2004年	2021年	2004-2021年
貿易収支	110,369,791	-14,813,134	125,182,925
食料及びその他の直接消費財	-46,811,555	-58,095,493	11,283,938
工業用原料	-86,829,302	-166,061,247	79,231,945
粗原料	-18,674,637	-44,452,920	25,778,283
鉱物性燃料	-96,158,316	-145,739,367	49,581,051
資本財	197,568,573	158,380,768	39,187,805
一般機械	68,643,595	79,430,283	-10,786,688
電気機械	66,173,581	17,745,345	48,428,236
輸送機器	44,054,206	45,237,264	-1,183,058
耐久消費財	62,802,617	47,890,154	14,912,463
家庭用品	-892,853	-1,332,751	439,898
家庭用電気機器	-3,585,975	-8,901,639	5,315,664
乗用車	66,443,192	74,115,872	-7,672,680
鉱物性燃料除く	206,528,107	130,926,233	75,601,874

出所:JETROの資料より筆者作成

化した[注1]。

ここには、原油価格上昇の影響がある（鉱物性燃料の赤字は９６２億ドルから１４５７億ドルへと、４９６億ドル増加）。

そこで、鉱物性燃料を除く貿易収支を見ると、図表3-3の最下欄に示すように、２０６５億ドルの黒字から、１３０９億ドルの黒字へと、７５６億ドルの縮小だ。これは、鉱物性燃料の赤字増４９６億ドルの１・５倍になる。

このような下降傾向が生じていることが大問題である。これは、日本経済の構造変化によって生じたものだ。

円安を進めたアベノミクスは、ドル建てで見た貿易収支を改善せず、むしろ悪化させたことが分かる。

注１：これは、貿易統計ベースの数字だ。国際収支統計では、２０２１年の貿易収支は黒字になっている。

電気機械の落ち込みが激しい

右に見た７５６億ドルの黒字縮小は、何によって引き起こされたのか？

図表3-3には、2004年と2021年の輸出・輸入差額を、財別に示している（いくつかの財を省略して示してある）。

財別に見ると、輸出・輸入差額の減少額が最も大きいのが、資本財の中の電気機械であり、484億ドルとなっている。輸出・輸入差額が、662億ドルの黒字から177億ドルの黒字に縮小した。

つぎが粗原料で、赤字が258億ドル増加した。つぎが食料及びその他の直接消費財で、赤字が113億ドル増加した。つぎが家庭用電気機器で、赤字が53億ドル増加した。

このように、電気機械の黒字の減少が、極めて大きなウエイトを占めているのである。黒字縮小総額756億ドルのうち、64％を占めている。

資本財としての電気機械は、ながらく日本の主要な輸出品であった。いまでも貿易収支は黒字ではあるが、2004年から2021年の間に、競争力を大きく失ったのだ。

収支が改善しているのは、資本財の一般機械と輸送機器、それに乗用車だけだ。

なお、以上では、2004年以降を対象とした。2000年代においては、「輸出主導型」と言われた経済成長が実現した。これは、本章の1で述べたように、2000年頃の円安政策によって始動されたものであり、アメリカで生じた住宅価格バブルと相まって、自動車を中心として輸出が増大した。しかし、この動きは、２００８年に起こったリーマン・ショックによって終わった。

長期的に経常収支が赤字になる可能性

２００４年から２０２１年までの変化を要約すれば、つぎのとおりだ。

電気機械の貿易黒字縮小等によって、日本の貿易収支が７５６億ドル減少した。これは構造的な変化だ。それに加え、鉱物性燃料収支の赤字額が４９６億ドル増加した。以上によって、ドル建ての貿易収支が１２５２億ドル悪化した。さらに、円安の影響で、円建ての貿易赤字が拡大した。

鉱物性燃料の価格は、低下する可能性がある。しかし、為替レートや構造的要因による変化を元に戻すことは、非常に難しい。

鉱物性燃料を除く貿易収支は黒字だが、下降傾向にあるので、あと数年で黒字が５００億ドル程度に縮小してしまうことは十分ありうる。

他方、鉱物性燃料収支の赤字額が１６００億ドルを超えたことは、過去に何度もある（最近では、２０１８年。このときは、１バレル60～70ドルだった）。そこで、鉱物性燃料収支の赤字額を1600億ドルとすると、貿易収支は1100億ドル（＝1600－500）の赤字となる。1ドル＝150円であれば、これは16・5兆円だ。

また、鉱物性燃料収支の赤字額が2000億ドルを超えたことも、過去に何度もある。そこで、鉱物性燃料収支の赤字額を2000億ドルとすると、貿易赤字は1500億ドル（＝2000－500）の赤字となる。1ドル＝150円であれば、これは22・5兆円だ。

ところで、日本では、サービス収支が360億ドル程度の赤字、第一次所得収支が年間1820億ドル程度の黒字だ。だから、仮に貿易収支が1500億ドルの赤字だと、経常収支が40億ドルの赤字になる。

鉱物性燃料収支の赤字額が2000億ドルを超えれば、赤字はもっと拡大する。

経常収支が赤字になれば、その分を外国からの借入によって埋め合わせる必要がある。すると、対外純資産が減り、所得収支も減ってしまう。悪循環が始まり、日本経済が深刻な問題を抱える危険がある。これは、そう簡単になることではないが、資源価格の動向によっては、十分起こりうることだ。

なお、経常収支の今後については、第7章の5で再論する。

アメリカは経常赤字を続けられるが、日本はできない

アメリカは経常収支の赤字を続けている。しかし、それによって問題が生じることはない。それは、ドルが基軸通貨だからだと言われることがあるが、そうではない。因果関係は逆だ。

アメリカが経常収支赤字を続けられるのは、アメリカ経済が強いからだ。アメリカに投資をすれば、将来、大きな収益を伴って投資資金を回収できると期待できる。このため、経常収支が赤字でも、外国から投資がなされるのである。だから、赤字を続けられる。

ドルが基軸通貨であり続けられるのは、このようにアメリカ経済が強いからだ。

いまの日本経済は、残念ながら、このような信頼を世界から獲得していない。日本経済の体質強化は、焦眉の課題だ。

第3章のまとめ

1．1980年代に中国が工業化し、安価な労働力で生産した工業製品を世界の市場に供給し始めた。日本は、従来の産業構造を維持するために、為替レートを円安に導き、

労働力の国際的な価値を安くする「安売り」戦略をとった。これによって製造業は一時的には復活したが、それは見かけ上のものにすぎなかった。実際には、産業構造の改革と新しい技術の開発が妨げられ、日本経済は長期的な停滞に陥った。日本再生のために求められるのは、こうした政策からの脱却だ。

2. かつて日本の基幹産業であった電機産業は、IT化やファブレス化に対応できず、凋落した。

3. 貿易赤字の拡大の原因は、資源価格高騰や円安だけではない。日本企業の競争力が低下していることも大きな原因だ。この状態が続くと、経常収支が恒常的に赤字となる危険がある。

第4章

異次元緩和の本当の目的は何だったのか？

1——物価が上がり、賃金も上がると説明された

物価上昇率目標の2つの問題

日本銀行は、2013年4月4日、「量・質ともに次元の違う金融緩和」(通称、「異次元緩和政策」)を導入した。決定されたのは、つぎの事項だった。

1. 消費者物価の前年比上昇率2%を、2年程度の期間を念頭に置いて、できるだけ早期に実現する。
2. マネタリーベースが、年間約60~70兆円増加するよう金融市場調節を行なう。
3. 長期国債の保有残高が、年間約50兆円増加するよう買い入れを行なう。

ここには、問題が2つある。

第一は、なぜ物価上昇が望ましいかだ。

仮に物価が上昇しても、それによって経済の別の面で問題が起こる危険がある。とくに、賃金との関係が重要だ。物価が上昇するだけで賃金が伸びなければ、実質所得は減少してしまう。したがって、賃金上昇率は対前年比2％以上でなければならない。では、それはどのようにして実現されるのだろうか？

ごく一部の産業や企業で2％の賃金上昇が実現することさえ難しいが、必要とされるのは、経済全体としての賃金上昇率が2％を超えることだ。これが実現されなければ、労働者の生活は貧しくなる。

企業に賃上げ要請するだけでは実現できない。賃金を上昇させるには、多くの企業の付加価値が増加しなければならず、それは容易なことではない。

第二は、仮に物価上昇が望ましいとしても、どのようにしてそれを実現するかだ。

金融緩和が物価を上昇させるメカニズムは、明確には説明されなかった。日銀は2013年4月に公表した「経済・物価情勢の展望」（展望レポート）において、途中年次の経過は示した。しかし、物価上昇のプロセスが分からない。したがって、その実現可能性には、最初から多くの疑問があった。

「フィリップス・カーブの死」は分かっていたはずだが……

まず、第一の問題（なぜ物価上昇が望ましいか?）について考えよう。

諸外国の中央銀行の多くも、物価上昇率を政策目標に掲げている。それは、「物価上昇率が高いことと、失業率が低いこと（その意味で、経済が活性化すること）が相関する」という関係（「フィリップス・カーブ」と呼ばれる）が見られるからだ。

だから、物価上昇率が高いことは、景気がよいことの指標と見なせる。諸外国の中央銀行が物価上昇率を目標としているのは、このためだ。

しかし、日本では、「フィリップス・カーブの死」と言われる現象が見られる。つまり、失業率が低下しても、物価上昇率は低い値のまま、大きな変化をしないのだ。

日本銀行も、そのことは先刻承知だ。だから、「物価が上がれば経済が活性化する」と単純に信じていたとは思えない。本当の目的は、物価とは別のものだったと考えざるをえない（それが何であったかは、本章の3で述べる）。

異次元緩和は、物価を引き上げることによって経済の活性化をはかるとした。その過程で賃金も上がる、と説明された。黒田総裁（当時）は、２０１４年3月20日の講演「なぜ『2

％』の物価上昇を目指すのか」で、つぎの趣旨のことを述べている。

1. 賃金が上昇せずに、物価だけが上昇するということは、普通には起こらない
2. 企業の売上が伸びて、収益が増加すれば、それに見合って、労働者に支払われる賃金は増加する
3. そうでなければ、労働分配率が下がり続けることになってしまうが、こうしたことは、一時的にはともかく、長く続くとは考えられない

物価について、当初の予定では、消費者物価指数（生鮮食品を除く総合）の対前年伸び率を、2年以内で2％にすることとされた。しかし実際には、消費者物価の対前年比は、２０２１年夏までは、顕著な変化を示さなかった。２０１４年には、消費税の税率引き上げによって2・6％になったが、それ以外の年は、1％未満だった。したがって、右記1が正しいかどうかは、２０２２年になるまで検証できなかった。

２０２２年に何が起きたかは、すでに第2章で述べたとおりだ。物価が上昇しても賃金はそれに見合って上昇せず、その結果、実質賃金が下落したのである。

2――金融緩和で物価が上昇するはずはない

「紙幣を刷った」と誤解している人が多い

前節の最初の項で指摘した第二の問題、つまり、金融緩和が物価を上昇させるメカニズムについてはどうか？　異次元緩和の政策手段は、国債の大量購入だが、これにより、いかなるメカニズムを通じて物価上昇が実現するのか？

多くの人が想像したのは、「国債購入によってマネーストック（貨幣供給量）が増大し、それが貨幣数量説的なメカニズムを通じて物価を引き上げる」ということだった。

多くの人が、「金融緩和政策とは、日銀（あるいは、中央銀行）が、政府から国債を買い、その対価を紙幣で支払うことだ」と考えている。異次元緩和政策もこうした政策であり、「日銀が輪転機を回して日銀券を刷って市中に流通させ、経済をマネーでジャブジャブにした」という説明がしばしばなされる。

こうした理解と、「マネーが増えれば物価が上がる」という貨幣数量説の単純な解釈を結び付ければ、「国債の大量購入によって物価が上がる」ということになる。しかし、この理解は全く間違いだ。

日銀は、政府から直接に国債を買っているのではなく、民間の銀行が保有している国債を買っている。その代金は、銀行が日銀に保有する当座預金に振り込まれる。この結果、日銀当座預金が激増した。

ただし、日銀当座預金は、「マネーのモト」であって、民間の経済主体が支払いや決済に使える「マネー」ではない（日銀当座預金に日銀券を加えたものを「マネタリーベース」という）。当座預金が引き出されて民間銀行の預金になればマネーが増えるが、そうした動きは顕著には生じなかったのである。この意味では、異次元緩和は空振りに終わったのだ。

マネーは増えなかった

マネーが増えなかったことは、統計によって確かめることができる。図表４-１は、２０００年から現在に至るマネタリーベースの推移を示す。

日銀当座預金は、２０１３年から急激に増加した。２０１３年４月末に61・９兆円であっ

図表4-1 マネタリーベースの推移（単位:兆円）

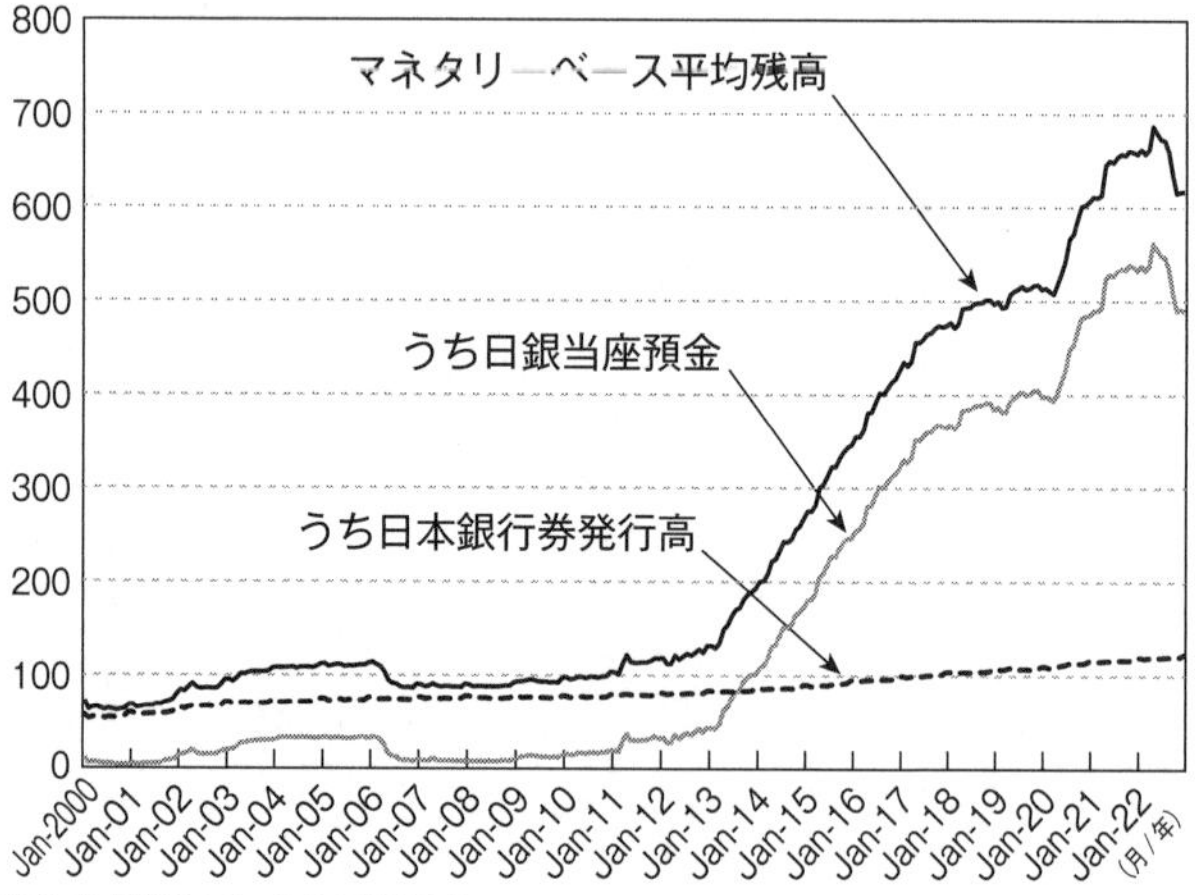

出所:日本銀行のデータより著者作成

た当座預金残高は、２年後の15年４月末には２０６・２兆円に増加した。23年２月末の残高は５１９・６兆円だ。その半面で、日銀券は、ほぼ１００兆円のレベルで、あまり顕著な増加を示さなかった。

図表４-２には、マネーストックの推移を示す。「マネーストック」とは、日銀券と銀行預金等の合計である。現代の経済では、銀行預金が重要な支払い手段だ。銀行預金としてどの範囲をとるかによって、Ｍ１、Ｍ２、Ｍ３の３つのデータがある。

Ｍ２の平残（平均残高）で見ると、それまでは３％程度だった対前年伸び率が、２０１３年以降４％程度になった程度の変化しか生じなかった。つまり、異次元緩和で顕著に増

図表4-2　マネーストック(M2)の対前年同月比 (単位:%)

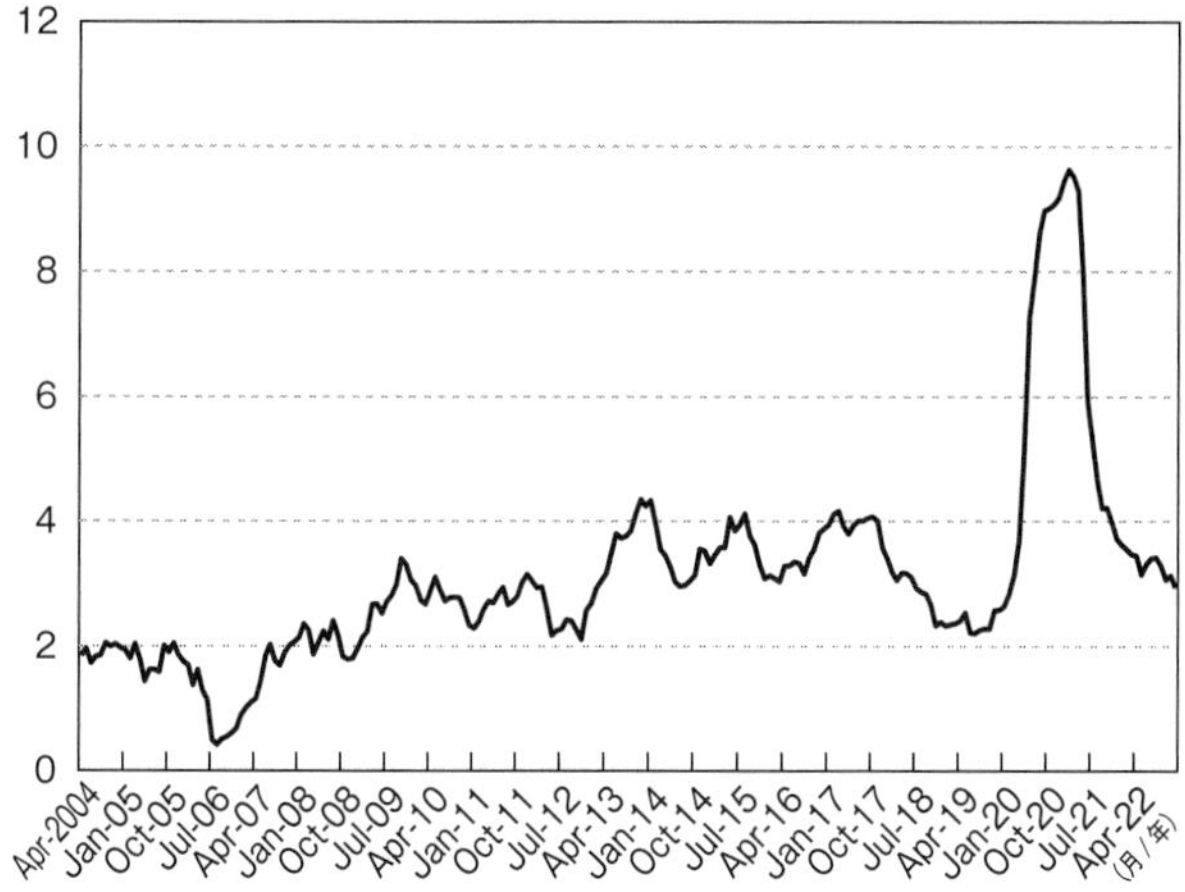

出所:日本銀行のデータより著者作成

えることはなかったのだ。

経済理論では、金融政策が経済活動に影響を与えるのは、マネーストックの変化を通じてであると考えられている。そのマネーストックが増えなかったのだから、物価が上がらなかったのは当然だ。

日銀は、人々の期待が変化し、それによって物価が上昇するという説明もしている。しかし、「期待」などという捉えどころのないものに本気で依存しようとしていたとは考えられない。

実は、仮にマネーストックが増えたとしても、日本の場合には物価が上がらない可能性が高い。実際、コロナ禍で緊急融資が行なわれた結果、マネーストックが急激に増加したにもかかわらず、物価は上がらなかった。これは、すでに述べた「フィリップス・カーブの死」と言われる現象と関連している。

２０２２年に物価上昇率が高まったのは、アメリカをはじめとする諸国でインフレが生じ、それが輸入物価を高騰させたからだ。つまり、国内要因で物価が高騰したのではなく、外生的《がいせいてき》な要因で高騰したのだ。

この問題については、第５章の３で「総需要、総供給のモデル」を用いて再び述べる。

3――異次元緩和の本当の目的は、低金利と円安だった

国債購入による金利引き下げと円安

これまで述べてきた疑問は、「異次元緩和の目的は、物価ではなく、別のものだった」と考えれば、氷解する。

私は、異次元緩和が本当に行なおうとしたのは、以下のようなことだったのではないかと考えている。

1. 国債の大量購入によって金利を引き下げる
2. 金利引き下げによって、財政資金の調達を容易にする。さらに、外国との金利差を拡大し、円安を実現する
3. 円安によって大企業の利益を増大させる

4．それによって株価を引き上げる

このように考えれば、さまざまなことが整合的に理解できる。株価が本当の目的として重視されていたことは、日本銀行が、ＯＥＣＤの対日審査（２０１９年４月）で強い批判を受けながら、ＥＴＦの購入という、中央銀行の政策としては大いに疑問がある政策を採り続けたことからも窺える。

では、右の目的について、結果はどうだっただろうか？

国債購入により長期金利が下落し、その結果、円安が進行した。このことは、データで明らかに確認できる。

10年国債の利回りは、２０１３年１月の０・８％台から、２０１４年２月には０・５％台に低下した。さらに、２０１４年末には０・３％台に低下し、16年初めの０・０％にまで低下した。

為替レートは、２０１２年12月の１ドル＝80円台から、２０１３年５月には１００円台になった。さらに、２０１５年には１２４円台まで下落した（なお、円安になったのは、日銀の金融政策だけによるのではない。２０１０年頃、ユーロ危機で資金がユーロ圏から流出し、「セイフへイブン」と見なされた日本に流入して円高が進んだが、2012年頃からユーロ危機が収まり、日本への資金流入が止まって、円安への動きが生じていた)。また、株価も回復した。こうして、異次元緩和の真の目的と考えられるものは、ほぼ達成された。

2016年に、イールドカーブ・コントロールを導入

ところが問題は、国債を買い続けた結果、国債発行残高中の日銀保有分の比率が高まってしまったことだ。図表4-3に示すとおり、この比率は、2012年までは高くとも15%程度だったが、2015年末には30%を越えた。この政策は、それまでのペースでいつまでも継続することはできない。

そこで、2016年に政策手法が大きく変更された。

2016年1月に、マイナス金利が導入され、民間の金融機関が日銀に預ける当座預金残高の一部に、▲0・1%の金利が適用された。これによって金利が急低下し、10年物国債の利回りはマイナスになった。20年、30年の超長期国債の利回りも低下した。金融機関は利ざやを稼ぐことが難しくなった。

この事態に対応するため、日銀は2016年9月に「イールドカーブ・コントロール」

図表4-3 国債財投債の発行残高のうちの日銀保有額の比率 (%)

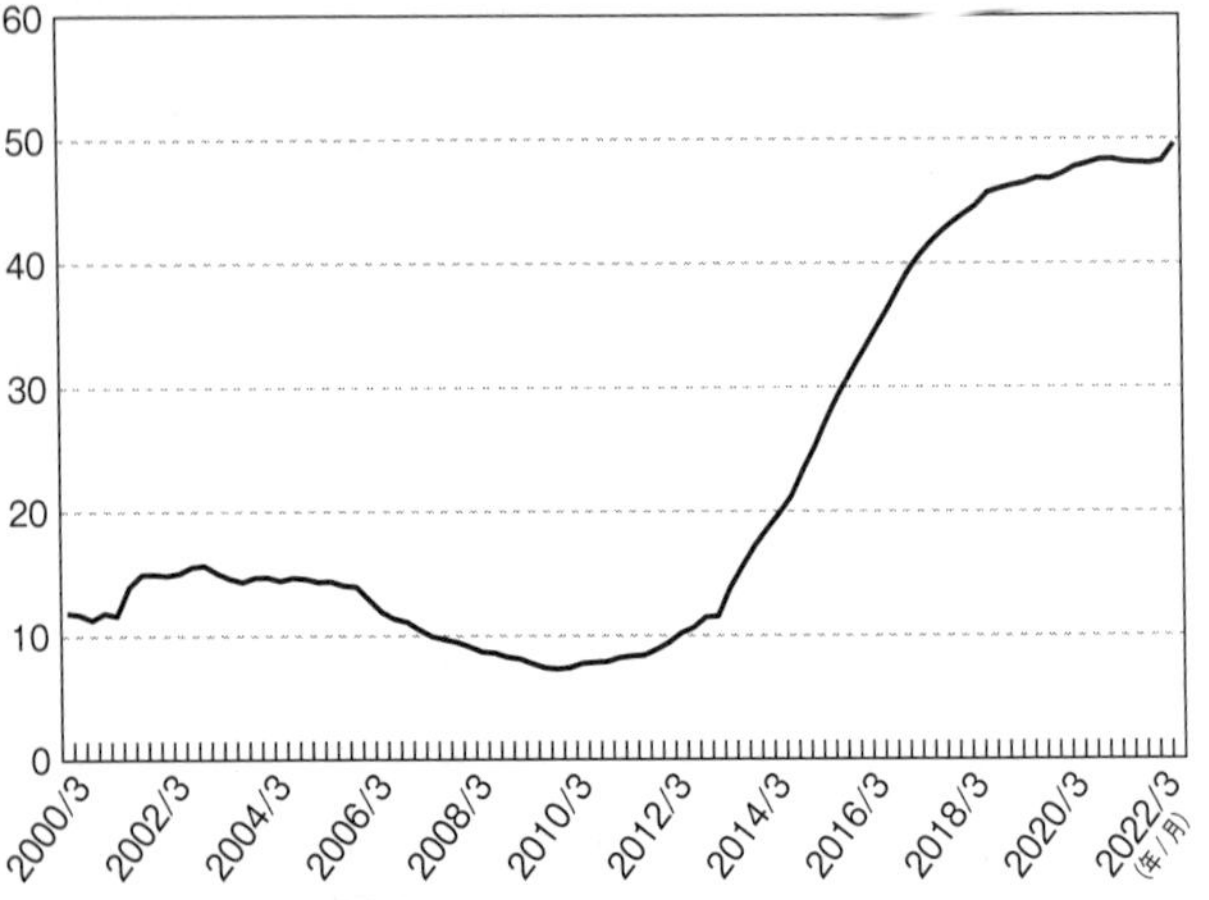

出所：日銀のデータより著者作成

（YCC）政策を導入した。これは、政策金利だけでなく、長期金利も直接の統制下に置く方式だ。10年国債の金利の目標値を0％と設定し、国債の買いオペによって、長期金利をその上下の一定範囲内に抑えようとする。

これによって、下がりすぎた長期金利を高くしようとした。つまり、このときには、イールドカーブの傾きを急にすることが目的とされた。

長期金利の直接コントロールは、市場原理に反することである。政策金利を決めれば市場の原理によってイールドカーブの形が決まり、したがって長期金利も決まるからだ。長期金利は市場で決められるものであって、無理にコントロールしようとすれば歪みが発生する。

長期金利の直接コントロールは、FRB（米連邦準備制度理事会）が1942年から1951年に実施したことがあるが、その後は、どの国の中央銀行も採用したことがないものだ。いわば、異端の金融政策なのである。

政策金利は、当座預金の残高のうち「政策金利残高」と呼ばれる部分に課される▲0・1％の金利とされた。そして、長期金利の目標値は0％とされた。

長期金利がコントロールされたことによって、日本経済の真の姿が見えなくなってしまった。このように、YCCは大きな問題をはらむものであった。

しかし、日本経済に格別大きな支障が生じることはなかった。むしろ、2016年からしばらくの間、日本経済のパフォーマンスは良好だった。これは、原油価格が2015年始めから17年中頃までの間、ほぼ1バレル＝50ドル程度の水準にまで低下し、日本の交易条件が好転したことによる（ただし、マイナス金利の導入によって、金融機関の収支に問題が生じた）。

イールドカーブ・コントロールの問題が露呈

イールドカーブ・コントロール方式の問題が露呈したのは、2022年になって長期金利に強い上昇圧力が加わるようになったからである。

仮に物価の上昇が本当の政策目的なのであれば、2％目標は過剰に達成されたのだから、それが安定的であるかどうかにかかわらず、長期金利の目標値を見直すべきだろう。それにもかかわらず目標値が堅持されるのは、長期金利の抑制自体が本当の目的であることを示している。

異常な円安が進んだのは、日銀が長期金利を抑えたからだ。仮に異次元緩和の最初の方式を続けており、決められた額の国債を市場価格で買い続ける方策を継続していたのであれば、アメリカが金利を引き上げれば、日本の金利もそれに合わせて高くなったはずだ。円安にはなるかもしれないが、実際に生じたような激しい円安にはならなかったはずである。異常な円安は、わずかに残された市場機能の悲鳴のようなものだったのだ。

２０２２年には多くの国の通貨がドルに対して減価したが、その中でも日本円の減価は際立っていた。これは、右のような金融政策の特殊性に起因するものだ。

急激な円安なのに日銀が金融緩和を続けた理由

以上で述べた見方からすれば、「急激な円安にもかかわらず、日銀が金利抑制策をやめようとしなかったのはなぜか？」に対する答えは、「低金利と円安が、真の目標だからだ」ということになる。言い換えれば、「物価の安定や賃金の上昇」は、そもそも本当の政策目的としては意識されていないからだ。

そして、「本来は、どのような政策が取られるべきか？」に対する答えは、「物価の安定や賃金の上昇などを、重要な目的として意識すべきだ」ということになる。そのためにとくに重要なのは、長期金利のシグナル機能を復活させることだ。

２０２２年のように経済に大きな変化が起きれば、それを反映してさまざまなマクロ変数は大きく変動せざるをえない。とくに金利は、最も重要な市場のシグナルである。これが大きく変動するのは、当然のことだ。どこの国でも、そうなった。ところが、日本だけは、金利の直接のコントロールを続けているために、それが起きなかった。

金利が上がれば、財政資金の調達が困難になるだろうと言われている。確かにそうなるだろう。しかし、それが市場のシグナルが要求することなのである。それに応じた経済政策と経済活動が行なわれなければならない。

第９章の５で述べるように、２０２２年10月にイギリスで生じたことが、まさにそれだ。財源裏付けのない無謀な経済政策に対して、市場金利が高騰し、年金基金が窮地に陥った。

イングランド銀行が、限定的な救援しかしなかったので、政権は、政策を撤回せざるをえなくなり、ついには、政権が崩壊したのだ。

4――異次元緩和は日本経済を活性化しなかった

企業利益は増えたが、賃金は上がらず

前節で見たように、金利と為替レートは、大規模緩和の導入直後から大きく変化した。こうした変化によって、企業利益と賃金は、どのように変化したか？

これらの長期的な動向を見ると、図表4-4、4-5のとおりだ。給与・賞与の総額は、90年代中頃に頭打ちとなり、それ以降はほとんど横ばいを続けていた。２０１３年以降も、この状況に大きな変化はなかった。つまり、異次元緩和が給与・賞与の総額に影響を与えることはなかった。

賃金分配率（給与・賞与の対付加価値比）も、長期的に見てあまり大きな変化はない。ただ、２０１３年以降、低下傾向が見られる（正確に言えば、賃金は、従業員一人当たりの給与・賞与である。ここでは、これらの用語を厳密に区別せずに用いている）。

図表4-4 企業利益と給与・賞与の推移（単位：1000億円）

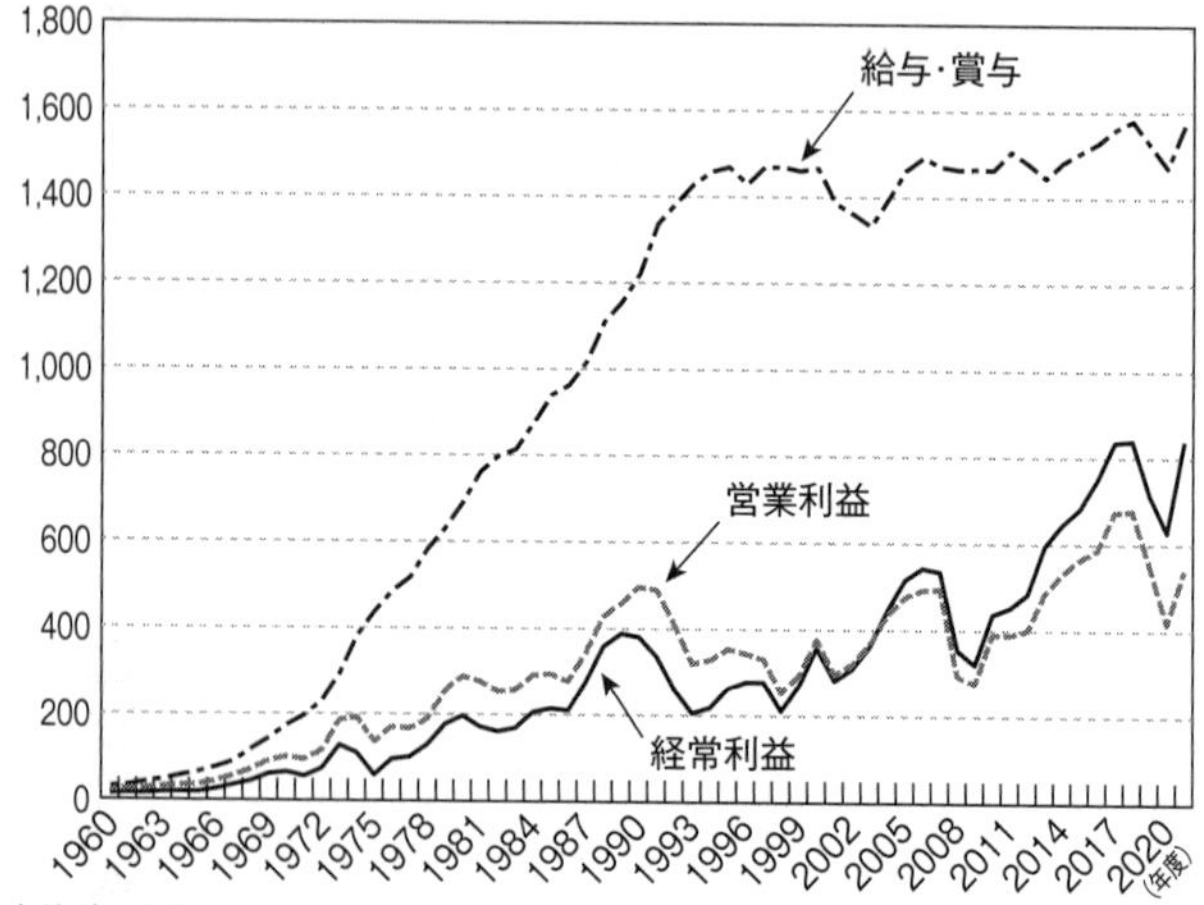

出所：法人企業統計調査のデータより筆者作成

図表4-5 企業利益と給与・賞与の対付加価値比（単位：％）

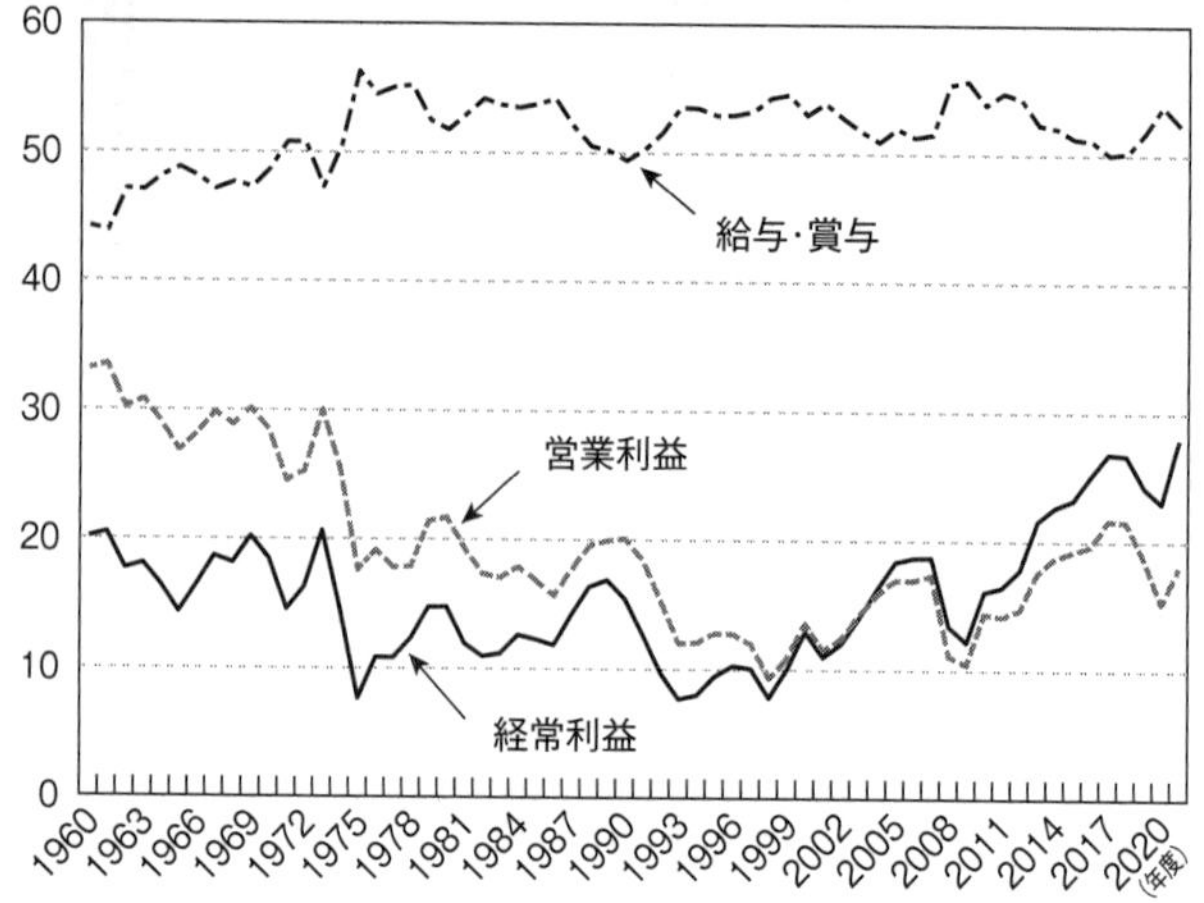

出所：法人企業統計調査のデータより筆者作成

ところが、企業の利益は、２０１３年頃から顕著に増加したのだ。営業利益で見るか経常利益で見るかで、若干の差がある。経常利益の場合に、増加がより顕著だ。

企業利益が増えたのは、円安のため

仮に円安によって輸出数量が増えたのであれば、それによって国内の生産活動が増加し、賃金は上昇したかもしれない。

しかし、本章の5で説明するように、実際には、円安になっても輸出数量は増加せず、単に円建ての輸出額が増えただけだった。だから、国内の鉱工業生産指数はほとんど一定で、変わらなかった（これについては、本章の5で再述する）。

その一方で、円安になれば輸入価格が上昇する。これは企業の原価を増大させる。しかし、企業はそれを売上に転嫁し、最終的には消費者に転嫁した。したがって、利益が増えたのだ。

これによって、「企業利益が増えれば、賃金も増える」という日銀の認識（本章の1参照）は、正しくないことが分かった。

実際には、物価が下落した年のほうが、経済パフォーマンスはよかったのである。２０１

7年には原油価格が値下がりし、1バレル＝50ドル、あるいはそれ未満になった。この年には、企業の付加価値が増加し、そのため、給与・賞与も経常利益も増加した。そして、この年の消費者物価指数の伸び率は、0・5％でしかなかった。

だから、日銀が考えたのとは正反対に、「物価上昇率が鈍化すれば、賃金が上昇する」という事態が生じたのだ。

輸入インフレで物価が上がり、実質賃金が低下

2021年秋以降には、2017年とちょうど逆の事態が生じた。世界的インフレが日本にも輸入されて国内物価を高騰させた。しかし、賃金の伸びはそれに追いつかず、実質賃金は大きく低下した。「物価が上がれば賃金も上がる」との説明は、そうならなければ、賃金分配率が大きく下がってしまうということを論拠にしていたので、物価上昇の原因が何であったとしても適用できるはずだ。

だから、2022年の物価高騰についても、賃金は上がるはずだった。しかし、そうはならなかった。これによって、大規模金融緩和の論理が誤りであることが、誰の目にも明らかになった。

アベノミクスで日本の地位が大きく下がった

大規模金融緩和によってもたらされた低金利と円安というぬるま湯的環境の中で、日本企業は付加価値を増大させる努力を怠った。

その結果が、一人当たりGDPの推移に明確に表れている（図表4-6参照）。

図表4-6は、貴重な10年間を日本が無駄にしてしまったことを、はっきりと示している。この図こそが、大規模金融緩和の成果を最も分かりやすく示す成績表だ。

日本が成長せず、他国が成長した結果、日本の相対的な地位は、信じられないほど低下した。2012年に、日本の一人当たりGDPは、アメリカとほとんど同じだった。そして、カナダ（図には示していない）、アメリカについで、G7で第3位だった。しかし、2022年には、日本の一人当たりGDPはアメリカの45・7％でしかない。

2012年に日本の一人当たりGDPはドイツ、フランス（図には示していない）、イギリスより1割以上高かったが、いまは7割程度でしかない。

2012年に日本の一人当たりGDPはイタリアより4割高かったが、いまはほとんど同じで、G7での最下位国を争っている。2012年に日本の一人当たりGDPは台湾の2・

図表4-6 一人当たりGDPの推移（単位：ドル）

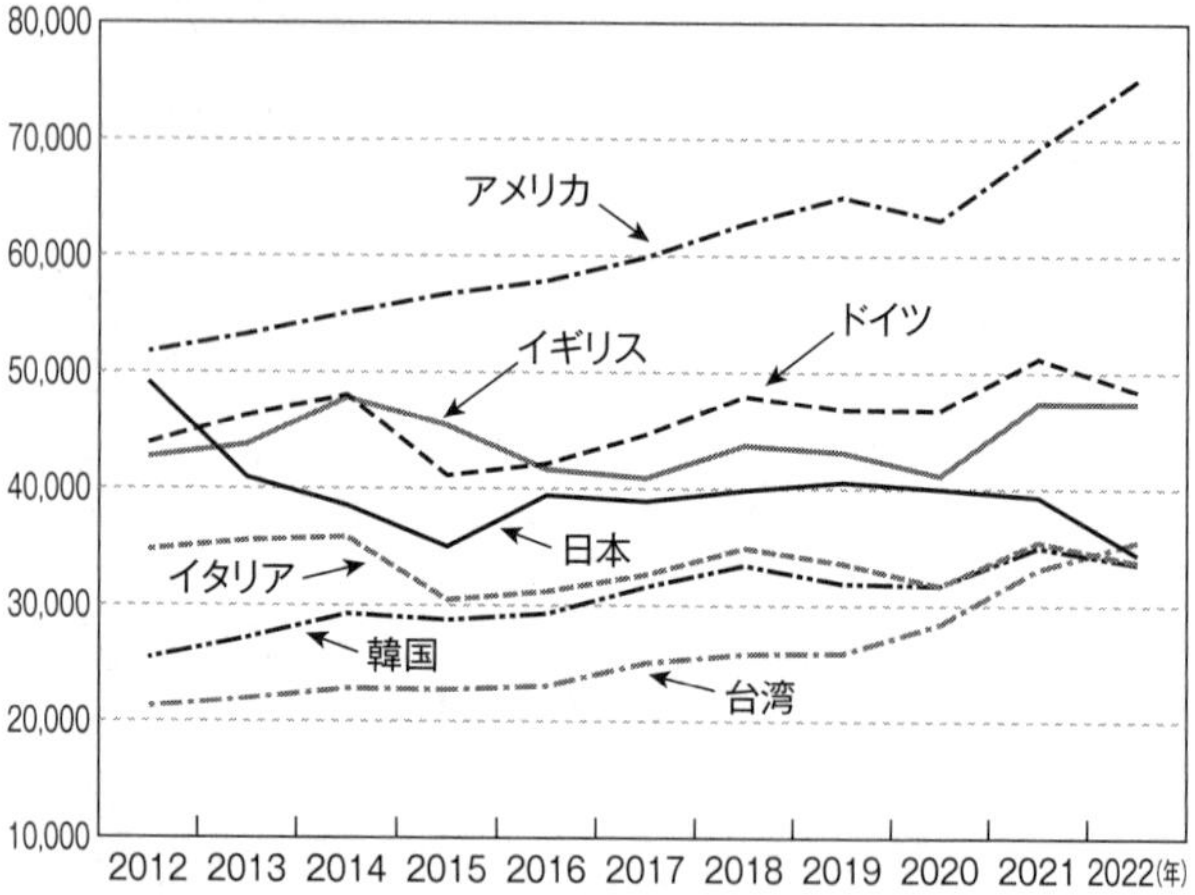

出所：IMFのデータベースより筆者作成

3倍だったが、2022年には追い抜かれた。韓国も、近い将来に日本を追い抜くだろう。そうなれば、図表4-6に示した国の中で、日本は最下位になる可能性が高い。

そして、日本は先進国の地位から滑り落ちる。この状態を何とか阻止しなければならないが、そのためには、金融政策の大転換が不可欠の条件だ。

いまや、大規模金融緩和政策の誤りは明白だ。しかし、政策転換ができれば、条件は大きく変わる。日本はまだ、回復する潜在力を持っている。金融政策の転換がその第一歩になることを望みたい。

5――円安が企業利益を増やしたメカニズム

円安で輸出が増え、企業利益が増えた

前節で述べたように、円安が進み企業の利益は増大したが、賃金は上昇しなかった。なぜこうしたことになったのか？　本節では、この問題を検討しよう。

異次元緩和による大規模な国債の購入によって、円安が進んだ。これによって、日本の財サービスの輸出額は、２０１２年の63・75兆円から、15年の75・61兆円まで、11・86兆円増加した。

一方、法人企業（金融業を除く全産業）の売上高は、２０１２年度の１３７４・51兆円から、２０１５年度の１４３１・53兆円まで、57・02兆円増加した。輸出の増加が企業の売上増に貢献したことは間違いない。

これによって、企業の利益が増えた。それだけでなく、名目ＧＤＰも増えた。円安が企業

の利益を増やすことはよく知られている。それだけでなく、経済全体の活動水準を表すGDPが増えたのである。

だから、円安は企業だけではなく、日本経済全体にプラスの影響をもたらしたように見える。しかし、実は、そうは言えない。その理由を以下で述べる。

円安は輸出数量を増やさなかった

円安は輸出数量を増やしただろうか？　輸出数量はドル建ての輸出額でほぼ近似することができるだろう。その推移を見ると、図表4-7のとおりだ。

為替レートは、2010年頃には円高だったが、2013年以降、顕著な円安になった。しかし、図表4-7に見るように、ドル建ての輸出は増えていない。2013年以降はむしろ減少している。輸出が多かったのは、円安期ではなく、2010年頃の円高期だ。

仮に円安が輸出数量を増やすとすれば、円安期には国内の生産活動が増えるはずだ。つまり鉱工業生産指数が上昇するはずだ。しかし、図表4-8に示すように、そのような傾向は見られない。鉱工業生産指数は、2013年以降ほとんど100程度の水準であり、2019年まで大きな変化はない。

図表4-7 ドル建て輸出/輸入額の推移（単位:億ドル）

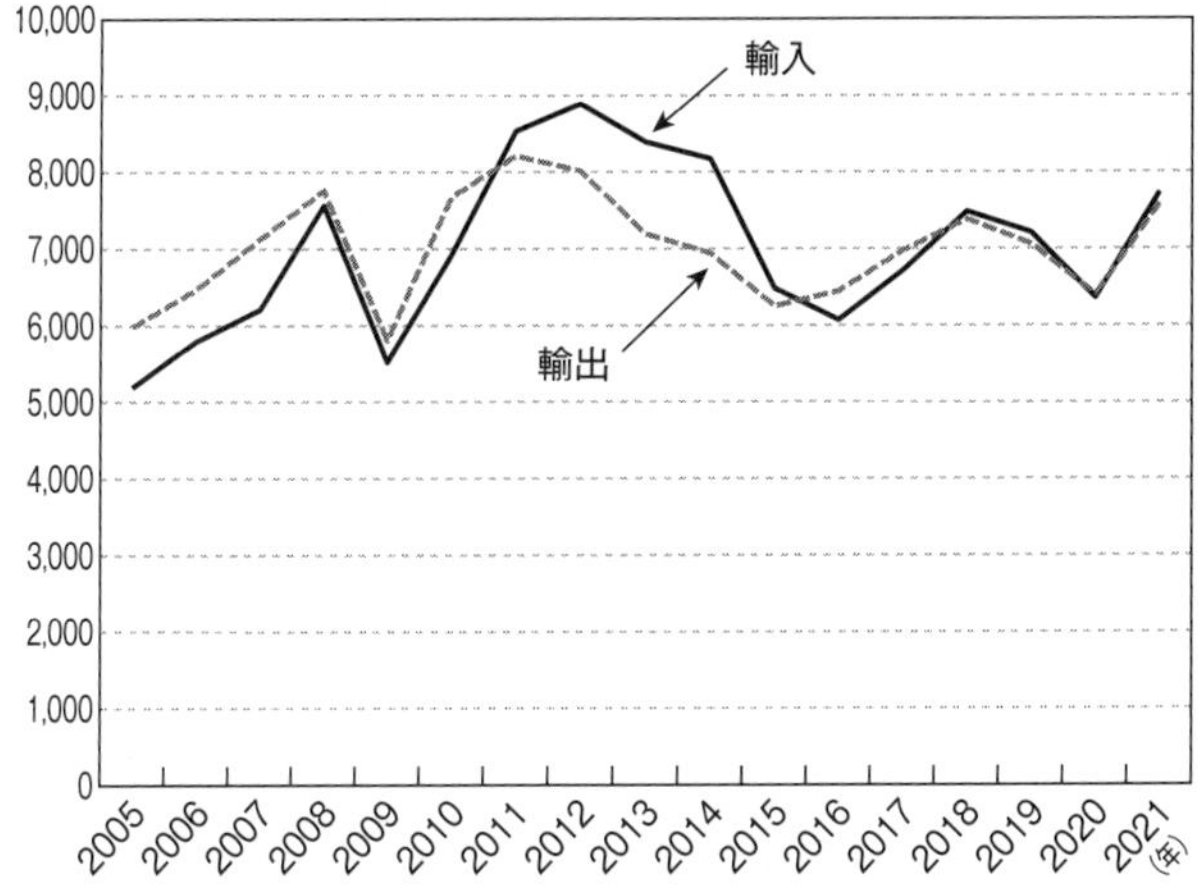

出所：JETROの資料より筆者作成

図表4-8 鉱工業生産指数の推移（2015年=100）

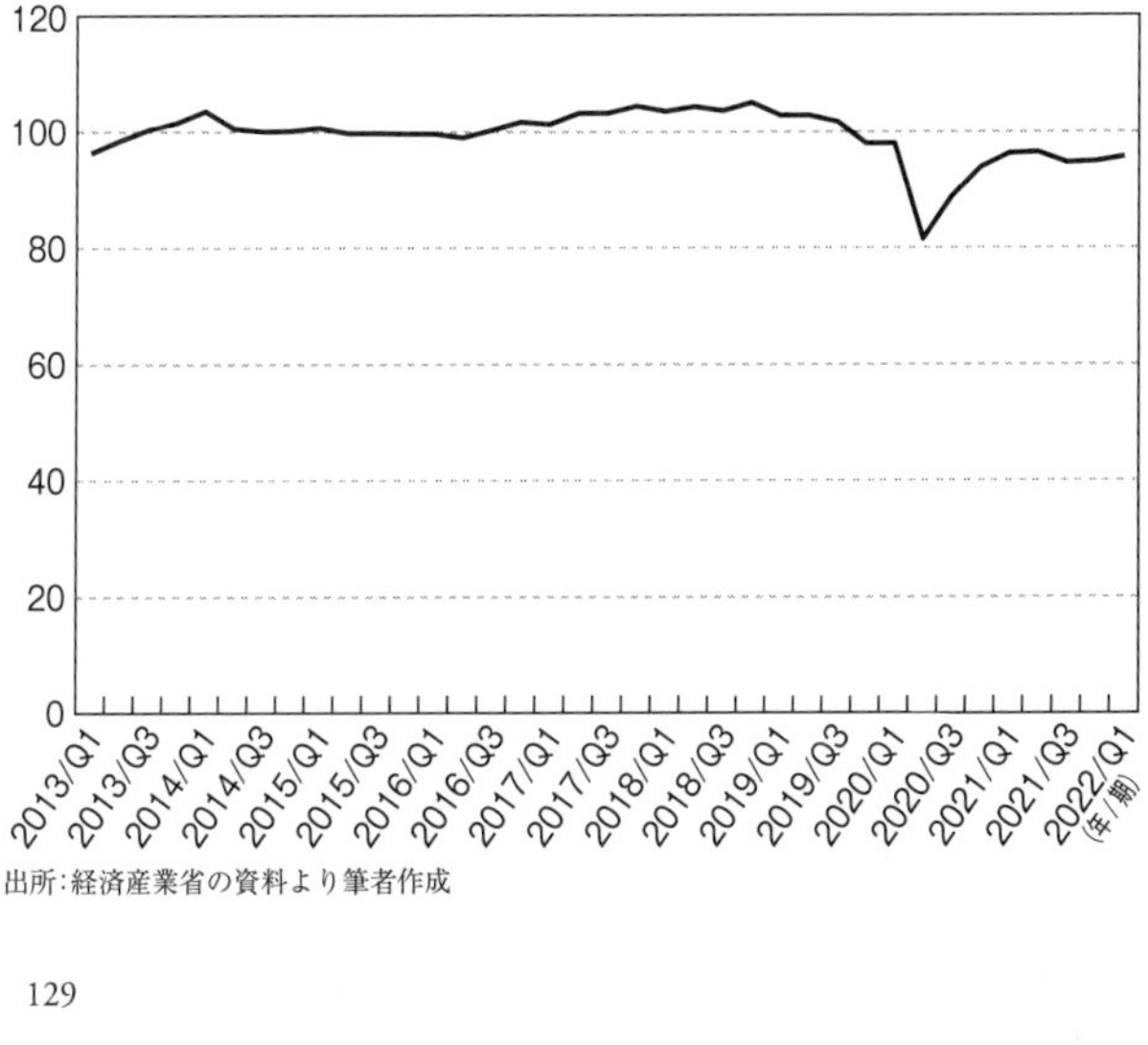

出所：経済産業省の資料より筆者作成

図表4-9　名目輸出入の推移（単位：100億円）

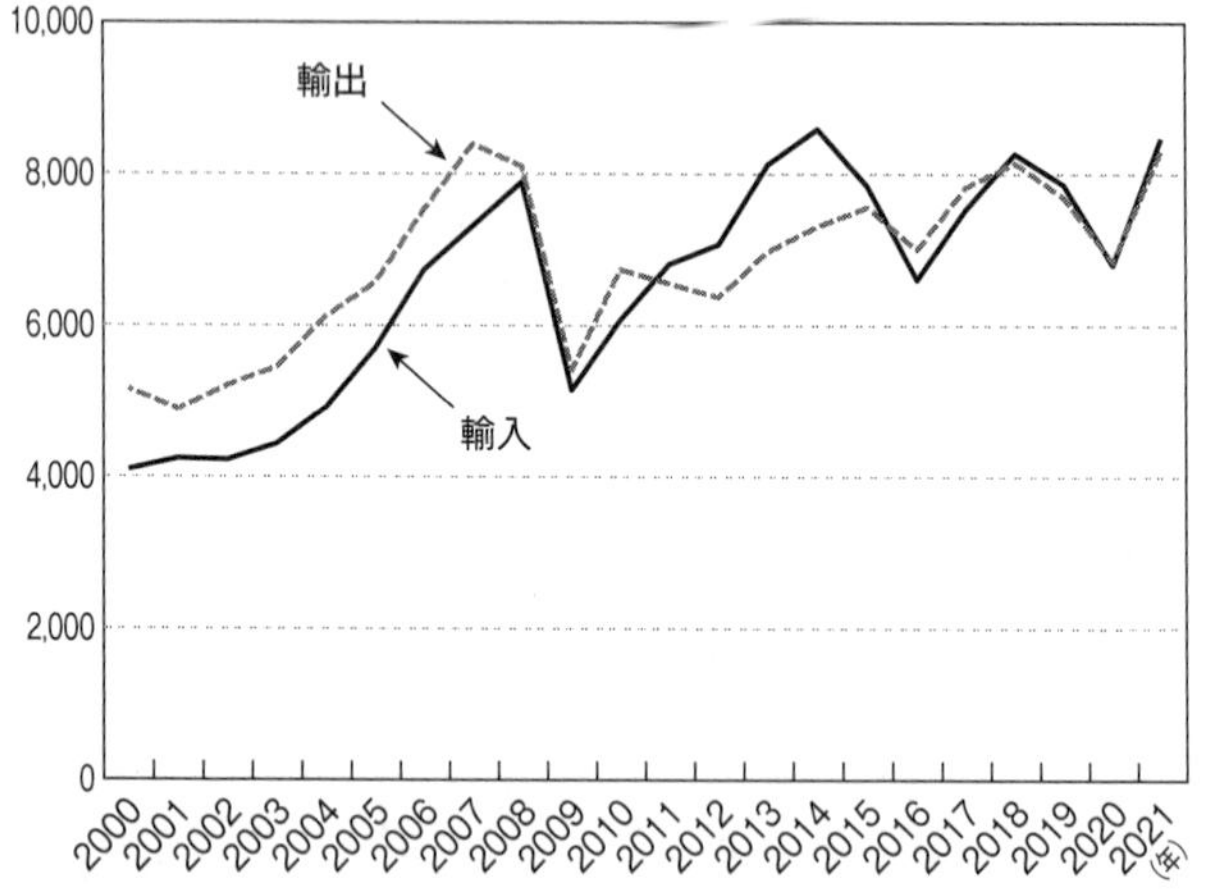

出所：貿易統計の資料より筆者作成

これまでも、円安が輸出数量を増やしたことはなかった。アベノミクスが始まる前からそうだった。図表4-8には２０１３年以前を示していないが、２０００年以降、鉱工業生産指数は、ほぼ１００で変わりがない。つまり、為替レートによって国内の鉱工業生産が大きく変化するようなことはなかった。

図表4-9に示すように、名目値で見れば、２０１３年以降、輸出額は増えている。しかし、円安になっているのだから、これは当然のことだ。

円ドルレートは、２０１２年には1ドル＝80円程度であったが、13年には１００円程度になった。だから、ドル建ての輸出が２０１２年から13年にかけて1割減っても、名目では増えることになる。

図表４-９でもう一つ注意すべき点は、名目輸入額も増え、かつ増加率が輸出より高かったことである。このため、貿易収支は悪化した。


消費者が輸入価格増を負担したから、企業の利益が増えた

２０１３年から15年頃にかけて円安が進んだが、すでに述べたように、鉱工業生産指数がほとんど一定で上昇しなかったので、雇用の増加や賃金の上昇といった変化は生じなかった。

ところで、企業の売上高が増加したのは円安になったためだが、円安は同時に輸入価格の上昇を通じて企業の原価をも増加させたはずだ。

しかし、右に見たように原価の上昇率は、売上高の増加率より低かった。これは、企業が原価上昇の大部分を製品価格に転嫁したからだ。

転嫁された原価上昇分は、最終的には家計が負担した。結局、家計の負担において、企業の利益が増加したことになる。

したがって、実態的な生産活動は変わらなかったのだが、企業利益が増大した。

他方で、消費者は、それまでと同じものを高い価格で買うことになったので、生活水準が低下した。これは、実質賃金が低下したことに表れている。毎月勤労統計調査によれば、2012年に105・9だった実質賃金指数が、2015年には101・3となり、3年間で約4・6%低下した。

重要なのは、実質賃金の低下は、たまたま起こったことではなく、企業が輸入価格の上昇を転嫁した結果、必然的に生じたということだ。

なお、2015年から17年頃には、原油価格が大幅に低下した。しかし、企業はこの大部分を消費者物価引き下げに転嫁しなかった。このため、企業の利益は大幅に増加した。

売上高がわずかでも増えると、利益は大きく増加する

図表4-10に見るように、2012年から13年にかけて、企業（製造業）の売上高もほとんど不変だ。しかし、営業利益は、図表4-11に見るように顕著に増加している。売上高がほとんど変わらなかったのに、営業利益がこのように増えたのは、なぜであろうか？

その理由は、営業利益の大きさは、売上高の大きさに比べてはるかに小さいからだ。このため、売上高がわずかでも変動すると、営業利益は非常に大きく変動するのである。

図表4-10　企業(製造業)の売上高と原価（単位：100億円）

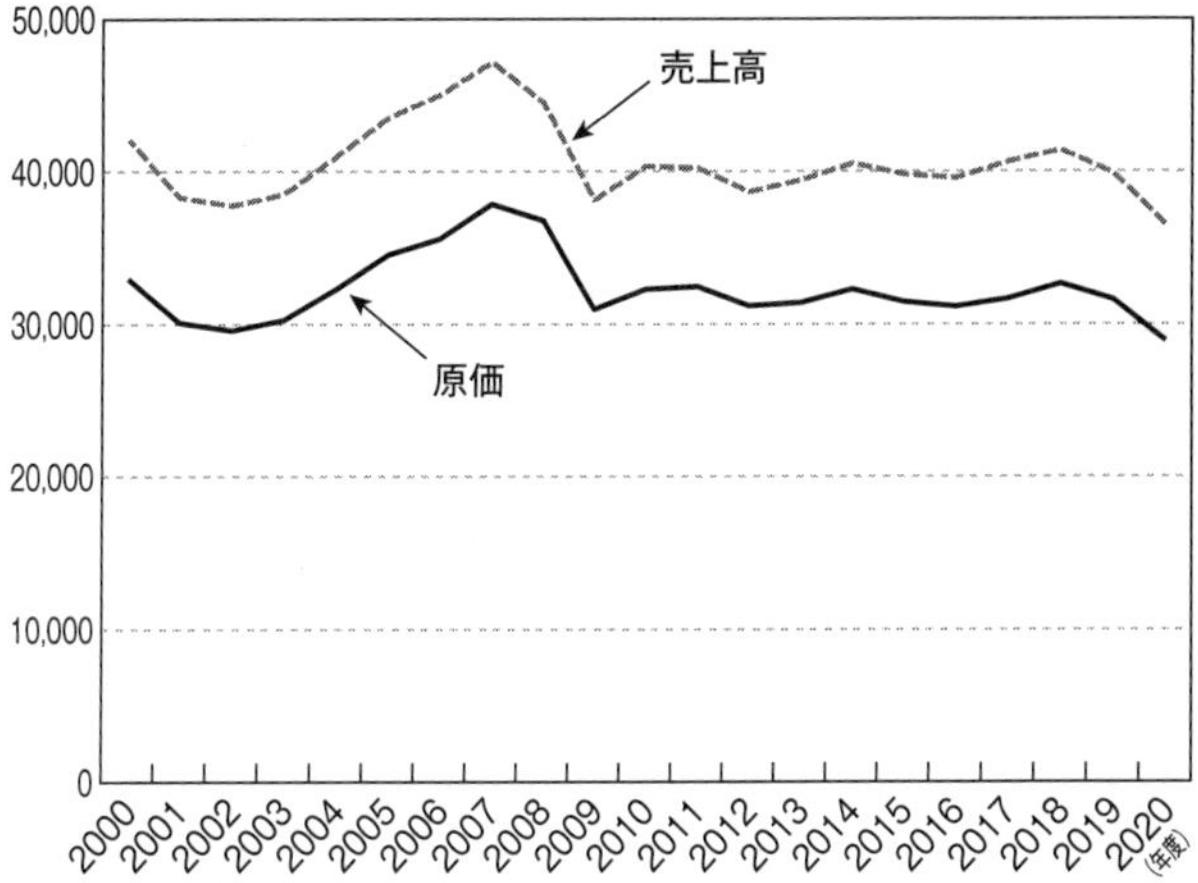

出所：貿易統計の資料より筆者作成

図表4-11　企業(製造業)の営業利益（単位：100億円）

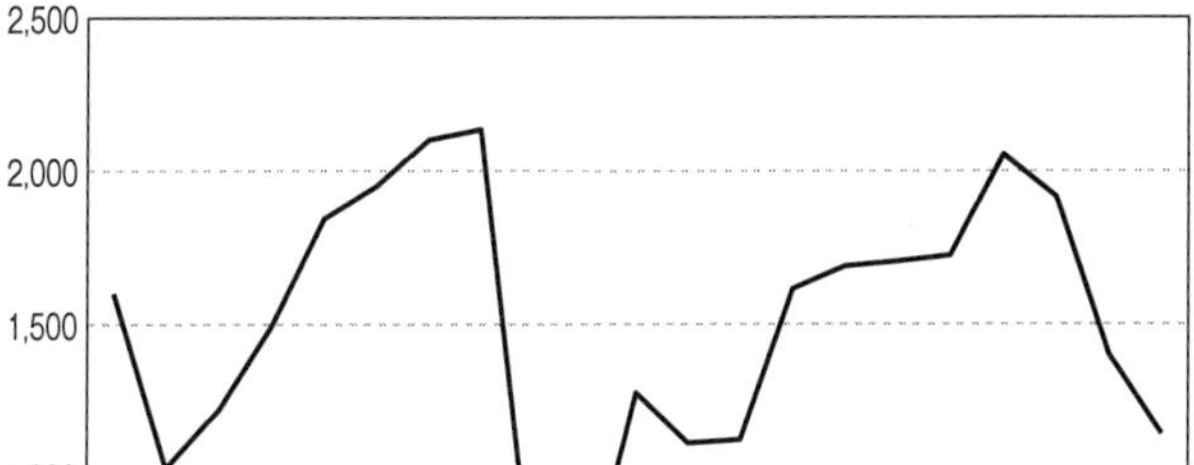

出所：貿易統計の資料より筆者作成

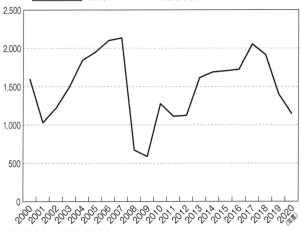

製造業の場合、売上高に対する営業利益の比率は3%程度でしかない。だから、仮に売上高が100から101に1%増加し、売上原価や人件費などが変わらなければ、営業利益は、3から4へと33%も増加することになる。

一般に、円安によって売上高がわずかでも増え、その半面で原価上昇率が売上高増加率より低ければ、変化率がわずかでも、営業利益は大きく増加するのだ。

実際の数字で言えば、つぎのとおりだ。2012年から13年にかけて、製造業の売上高は386兆円から394兆円へと2・0%増えた。他方で、売上原価は、311兆円から313兆円へと0・6%の増加にとどまった。

これらの変化は小さいもののように見える。しかし、これによって営業利益は11・24兆円から16・15兆円へと43・7%も増えたのである。

なお、円高になれば、以上と逆のことが生じ、企業の利益が減少する。だから、長期的な傾向として企業利益が増えているわけではない。

結局のところ、円安がもたらしているのは、家計の負担に基づく一時的な営業利益の増加にすぎないということになる。以上のような円安の効果が国益と言えるものでないことは、言うまでもない。

２０２２年に、円安の弊害が意識されるようになった

完全転嫁が行なわれるなら、円安によって企業利益が増える。だから、企業の保有者（株主）にとっては望ましい。しかし、消費者にとっては望ましくない。なぜなら、賃金が増えず物価が上がるからだ。

株主の数に比べれば、消費者の数はずっと多い。だから、数の上では円安によって被害を被《こうむ》る人のほうが、利益を受ける人よりはるかに多い。

それにもかかわらず、日本では、これまで円安が政治問題とされることがなかった。それは、この国の政治体制が正常に機能していないことの証拠だ。

もっとも、消費者が被る不利益は、一人当たりではさして大きなものではなかったために、政治問題化しなかったとも言える。実質賃金が低下したといっても、さして大きな変化ではないから、はっきりとは意識できなかったのだ。

しかし、２０２２年に生じた事態は違う。原材料価格の高騰と円安が同時に生じたため、価格上昇率が高く、物価高騰に対する消費者の不満は高まった。このため、為替レートに強い関心が集まった。この機会に、円安の評価に関する議論を十分に深めるべきだ。

6——MMT(現代貨幣理論)は、やはりインフレで破綻した

国債発行で、いくらでも財政資金を調達できる?

本章の3で述べたように、異次元緩和の本当の目的は、金利を下げることだったと考えられる。これによって円安を導き、企業利益を増加させることが第一の目的だが、金利低下は、国債による財政資金の調達も容易にする。これも、異次元緩和の(隠された)目的の一つだったと考えられる。

長期金利が非常に低かったために、金利負担を考えない財政の大盤振る舞いが可能になった。とくに、コロナ禍におけるバラマキ政策がそうだ。これは、財政収支の問題というよりは、国全体として無駄な資源の使い方がなされてきたという意味で問題だ。

これに関連して、MMT(現代貨幣理論)という考えがある。自国通貨で国債を発行できる国は、決してデフォルトしない。だから、税などの負担なしに、国債を財源として、いく

らでも財政支出ができるという主張だ。

これは、従来の経済理論に対する挑戦と言われたのだが、実は、新しい内容はほとんどない。これまでの経済理論の寄せ集めだ。唯一の違いは、こうした財政運営をすればインフレになることの危険を軽視したことである。

従来の正統的な考えは、「国債を財源とすれば負担感がないので、財政支出が膨張しすぎ、インフレになる。だから、こうした財政運営を行なってはならない」というものだった。

それに対してＭＭＴは、「インフレにならないように注意すれば大丈夫」だと主張したのだ。いわば、最も重要な点をはぐらかしたわけだ。

コロナ禍での財政運営は、ＭＭＴが正しいことを示したように見えた

ところが、コロナ禍では、ＭＭＴの考えが正しいかと思われた。各国が膨大な財政支出を行ない、そのほとんどが国債で賄《まかな》われた。そして、中央銀行が大量の国債を購入した。

日本でも、２０２０年度に巨額の財政支出が行なわれた。そして、その大部分が国債で賄われた。その最たるものが、全国民を対象とした、総額約12兆９０００億円の特別定額給付金だ。

それ以外に、持続化給付金、家賃補助などさまざまな給付金が実施された。雇用調整助成金の特例拡大にも、一般財源がつぎ込まれた。また、地方公共団体を通じて行なわれた休業補償などもあった。

政府が思うままに、いくらでも財政支出を行なえるように思われた。MMTの魔法が実現したように思われたのだ。

危惧していたとおり、インフレが起きた。打ち出の小槌はない

MMTは、国債依存の財政運営は、「インフレが起きない限り、続けられる」としていた。しかし、コロナの収束が視野に入って経済活動が再開されてくると、アメリカでインフレが発生してしまった。ヨーロッパでも、他の国でもそうだ。つまり、多くの人が危惧していたように、MMTは実際には機能しないことが証明されたのだ。

経済学の教科書には、MMTが主張するような財政運営を行なえば、インフレーションが起きると書いてある。インフレが起きると人々の購買力が減少するから、インフレは税の一種だ。しかも、所得の低い人に対して重い負担を課す過酷な税だ。そのとおりであることが実証されたのだ。

誰も負担をせずに、財政支出の利益だけを享受できるという魔法が実現できるはずはない。打ち出の小槌などありえない。ごく当たり前のことが実証されただけだと言える。

ＭＭＴの主唱者であるニューヨーク州立大学のステファニー・ケルトン教授は、「支出を行なう際に、適切な措置が行なわれなかったからだ」と防戦しているが、説得性に欠けることは、否めない。

日本のインフレは海外要因によるから、アメリカとは違うか？

では、日本でもインフレが起きたか？　確かに、インフレ率は高まった。

しかし、「これは、アメリカの場合とは違う」という意見があるだろう。アメリカでは、国内で需要が増加し、また、賃金が上昇した結果、インフレが起きた。しかし、日本の場合には、インフレは国内要因で生じたものではなく、輸入されたものだ。つまり、原油価格も小麦価格も、海外要因によって上昇した。輸入価格の高騰によって、国内物価が受動的に上昇したのだ。「だから、日本のインフレはコロナで財政支出が増えたことの結果ではない」という意見があるだろう。

ＭＭＴの支持者は、これまでも、日本がＭＭＴの成功例だと主張していた。コロナ禍の財政支出に関しても、日本の場合には、「MMTが主張するとおりにして成功した」と言えるのだろうか？

円安は放漫財政の後遺症

しかし、日本でも、「国債に頼る財政運営の結果、インフレになった」と考えることができる。その理由は、以下のとおりだ。

まず、原油や小麦価格高騰などの海外要因が大きいことは事実だが、それだけでなく、円安が物価上昇に拍車をかけた。だから、仮に原油価格上昇などがなかったとしても、円安による物価上昇に見舞われていたことは、間違いない。

では、なぜ円安が進んだのか？　それは、アメリカが金利を上げたのに、日本が金利を抑えたからだ。では、なぜ日銀は金利を抑えたのか？

日銀がこれまで大量の国債を買い上げた結果、当座預金が増加した。これに対して利子を支払っている。これは日銀の収益を悪化させ、日銀納付金の減少を通じて国民負担になっている。その意味で、コストはすでに発生しているわけである。金利を引き上げると、付利が増加するのだ。

当座預金が巨額のものになっているのは、コロナ禍以前の期間から、巨額の国債を購入してきたからだ。このような意味で、円安は、財政支出を国債で賄った「ツケ」なのだと考えることができる。

以上のことを逆に言えば、つぎのようになる。

もし日銀が巨額の国債を購入しなかったとすれば、いまのように巨額の当座預金を抱えることはなく、したがって、金利を上げても日銀の収益が悪化することはない。だから、金利を引き上げただろう。そうであれば、円安にはならず、したがって、物価高騰も抑えられただろう。

これまで、あまりに大量の国債を購入し、当座預金を増やしたために、日銀は金利引き上げを認めることができず、そのため、円安をコントロールできないのだ。いくらでも国債に頼ればよいという無責任な財政運営は、間違いなく、国民に負担を強いている。

第４章のまとめ

1. 異次元緩和は物価上昇率を政策目的とした。「フィリップス・カーブの死」は分かっていたのだから、なぜこれを政策目的にしたのか？

2. 国債を大量に購入しても、マネーは増えない。仮に増えても、物価は上がらない。この意味で、異次元緩和が物価を引き上げられるかどうかは、最初から疑問だった。

3. 異次元緩和の本当の目的が、物価ではなく、金利引き下げと円安だったと考えれば、すべてが整合的に理解できる。

4. 円安によって企業利益は増えた。しかし、賃金は上昇しなかった。

5. 円安で増加したのは円表示の輸出額であり、輸出量も生産活動の実態も不変だった。企業利益は増えたが、賃金は上がらなかったのは、このためだ。

6. 国債で財源を調達すれば、いくらでも財政支出を増やせるというMMTの主張は、コロナ禍において、正しいように思われた。しかし、コロナ脱却の見通しが開けた途端に、インフレが起きた。日本でも、円安によって物価が高騰している。日銀が大量の国債を保有しているため、金利を引き上げられないからだ。

第5章

急激な円安は
なぜ起きたのか？

1――2022年春からの急激な円安

2022年春から急激な円安が進む

ドル円レートの中期的な推移を振り返ってみると、図表5-1のとおりだ。2018年から21年までは1ドル=105~110円程度で安定的だった為替レートが、2022年の3月以降、急激に減価した。

22年4月19日には1ドル=128・7円になった。3月初めには1ドル=115円程度だったので、わずか1カ月半で13円も円安が進んだことになる。これは、インフレに対処するためにFRB(米連邦準備制度理事会)が急速に金利を引き上げ、その結果、アメリカの10年国債利回りが、4月18日に2・8%台後半まで上昇したことがきっかけだ。日本でも、10年債利回りは、4月19日には0・25%と、日本銀行が設定する上限にまで上昇した。

ところが、日銀は、10年債利回りの上限を0・25%のままにした。そして、3月下旬に長

図表5-1　ドル円レートの推移（1ドル当たり円）

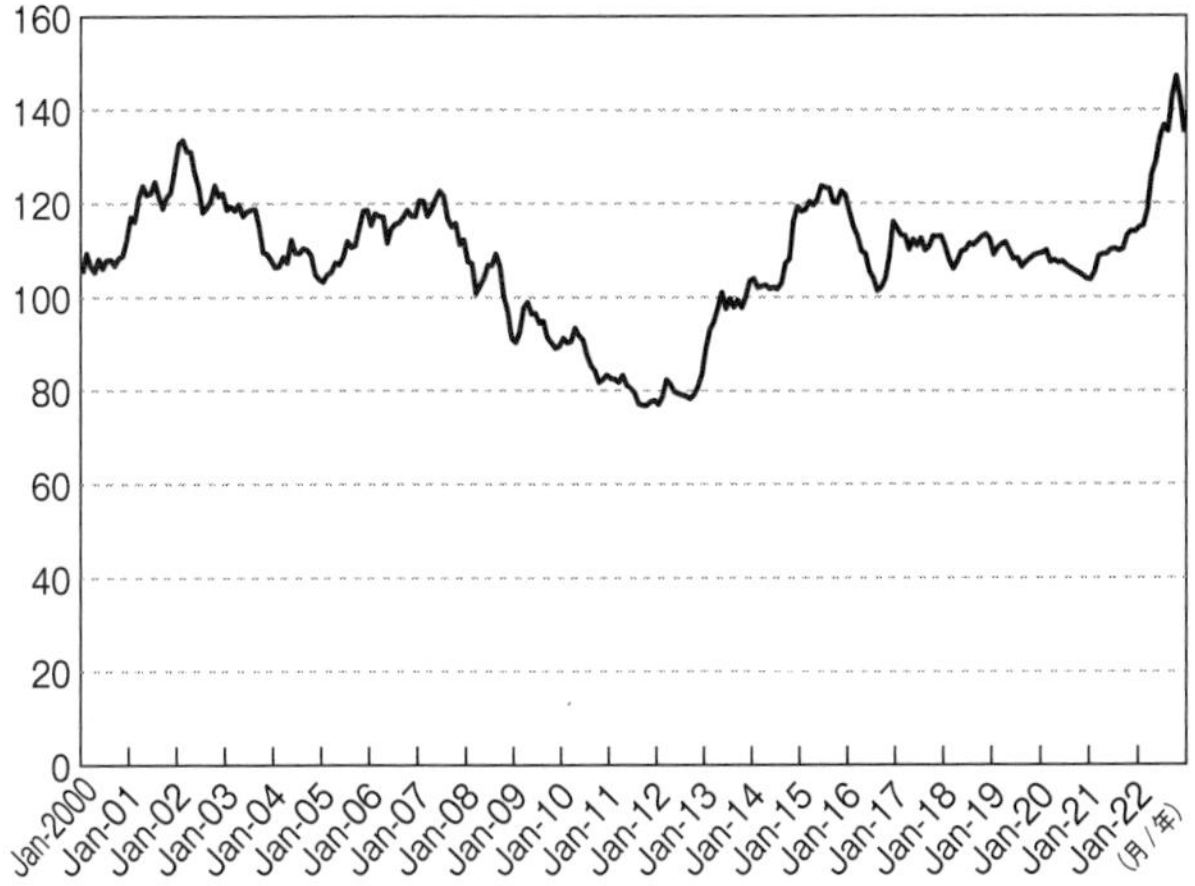

出所：日銀資料により筆者作成

期金利が上限に近づいたときは、0・25％で国債を無制限に買い入れる連続指し値オペを実施し、巨額の国債を購入した。そして、長期金利を抑え込んだ。日銀が金利上昇を容認しないのでは、円安が進むのは当然だ。

ロシアのルーブルは、2022年2月中旬から3月にかけては、欧米諸国による制裁措置の影響で急激に減価した。しかし3月7日がピークで、それ以降は急激に増価した。4月18日のレートは1ルーブル＝0・012ドルで、1月頃のレートとあまり変わりがない。こうして、世界の主要通貨の中で、円が独歩安の状態に陥った。8月にはいったん収まった円安が、9月になって再び加速した。これは、FRBが断固として金利引き上げを

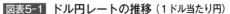

続けたからだ。その結果、日米間の金利差が拡大し、円安が進行した。

世界主要国の中央銀行は、FRBの政策に対応して、金利の引き上げを行なった。欧州中央銀行（ECB）は、7月の理事会で11年ぶりに利上げを決め、マイナス金利から脱却した。そして、9月8日の理事会で、政策金利を0・5％から1・25％へと0・75％引き上げた。カナダ中央銀行は、7日に0・75％の利上げを発表した。こうして、マイナス金利を継続するのは、日銀だけになった。

輸入物価上昇の約半分は、円安による

2022年7月における輸入物価指数の対前年同月比を見ると、契約通貨ベースでは26・3％だが、円ベースでは49・2％だった。つまり、仮に円安がなければ、輸入物価上昇率は49・2％ではなく、その約半分である26・3％に収まっていたはずなのだ。

ところが、輸入物価の高騰が顕著になり始めた2021年10月では、輸入物価の対前年同月比は、契約通貨ベースで29・4％、円ベースで36・5％だった。つまり、この時点では、輸入物価上昇に占める円安の影響は、2割程度でしかなかった。2022年3月以降の顕著な円安の進行によって、円安の比重が増大したのだ。

海外物価の高騰は日本ではコントロールできないが、為替レートはコントロールできる。仮に日本銀行が早期に金融政策を転換して金利上昇を認めれば、円安の進行は食い止められたはずだ。そして、物価高騰や実質賃金低下も、半分程度に食い止められたはずだ。

それにもかかわらず日銀が動かなかったのは、企業の利益を重視して、実質賃金下落を問題視していなかったからだとしか考えようがない。

円キャリー取引で円安が進む

急激な円安が進行したのは、日米金利差が拡大したからだ。

この場合、円で資金調達してドルで運用する取引（「円キャリー取引」という）が利益を生む。ヘッジファンドや機関投資家などが、こうした取引を行なった。これは、円を売ってドルを買う取引であるため、円安が進行する。

この説明は、誤りではない。ただし、不十分な説明だ。

なぜなら、金利差があるだけでは、この取引が利益を生むとは限らないからだ。

仮に将来円高になれば、為替差損が発生する。それは、金利差による収入を打ち消す可能性がある。その意味で、円キャリー取引は、極めてリスクの高い投機的な行動なのだ。

それにもかかわらず、こうした取引が増えたのは、日銀が金融緩和を継続すると明言したからだ。つまり、将来円高になる可能性は低いと、投機者に約束したのである。そのため、為替差損が発生する可能性は低いと考えられた。

「適正な為替レート」は、1ドル＝75・73円？

では、長期的に見たとき、為替レートはどう推移するか？　経済の実態から決まる「適正なレート」、あるいは「為替レートの理論値」、あるいは「長期的な均衡水準」というものはあるのだろうか？

これを考える参考となるのが、「購買力平価」と呼ばれる考えだ。

購買力平価には大きく分けて、2つの考え方がある。第一は、「国際的な一物一価」を実現するような為替レートを購買力平価とするものだ。財やサービスは、国境を越えて取引されているから、世界のどの国でも同じ値になるはずだという考えに基づく。これは、「絶対的購買力平価」と呼ばれる。

この考えに基づく購買力平価は、いくつかの機関によって計算されている。よく知られているのは、イギリスの経済誌『エコノミスト』が計算している「ビッグマック指数」だ。これは、世界各国で売られているビッグマックは同一品質だから、同一価格であるべきだとの考えに基づく。そして、ある国のビッグマックの値段がアメリカのそれと等しくなるためには、為替レートがいくらであるべきかを示すものだ。

この条件を満たす円レートは、２０２２年7月21日時点においては、１ドル＝75・73円であった。「ビッグマック指数」とは、このような為替レートと、実際の為替レート（１ドル＝１３７・９円）との比率から1を引いた値だ。このときのビッグマック指数は、▲45・1％（＝75・73／１３７・９－１）だ。実際の為替レートは、購買力平価に比べて45・１％も過小評価されていることになる。

ただし、１ドル＝75・73円はおそらく円の過大評価だろう。ビッグマックは貿易されないので、価格が安いからといって外国のビッグマックを買うことはないから、国際的一物一価が成り立つメカニズムは働かないからだ。

そこで、もっと広い範囲の財・サービスの価格を調べて、世界的な一物一価を実現する為替レートを計算する試みが行なわれている。

その一つが、ＯＥＣＤの計算だ。その結果を図表5－２に示す。２０２１年では、１ドル＝１００・４円だ。

図表5-2 日本円の購買力平価と市場為替レート（1ドル当たり円）

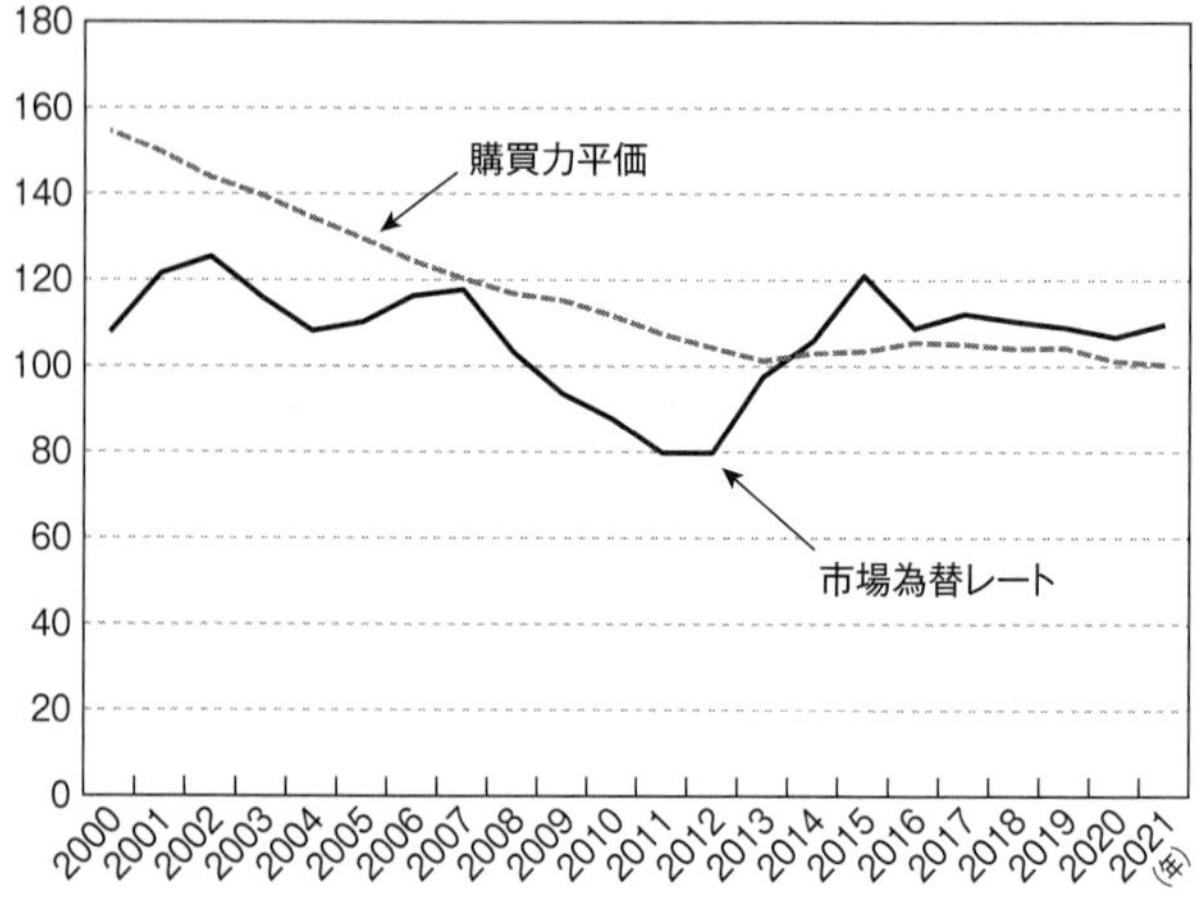

出所：OECDと日銀資料により筆者作成

図表5-2が示すように、OECDの購買力平価と実際の市場為替レートは、長期的に見て連動している。傾向的に一方が他方を上回るような動きは見られない。だから、OECDの購買力平価は、少なくとも円については、市場為替レートのトレンド的な動きを示していると考えることができる。

購買力平価の第二の考え方は、基準時点を決め、そのときからの各国の物価動向の差に対応して、実質的な購買力が不変にとどまるような為替レートだ。これは、「相対的購買力平価」と呼ばれる。BIS（国際決済銀行）が算出しているものがよく引用される。しばしば用いられる「実質実効為替レート」は、この考えによる指標だ（「実効」とは、複数の国との間の実質レートの平均値であるという意味）。

ただし、これは基準時点の選び方によって数値が異なる。そして基準時点の為替レートが適正なものであったという保証はない。したがって、これはあくまでも購買力の時間的な変化を見るためのものである。これによって表される為替レートが適正なものということにはならない。

為替レートは、投機筋の動向によって大きな影響を受ける

「貿易収支を長期的に均衡させるような為替レートが適正な為替レートだ」とする考えもある。

１９８０年代頃までの世界においては、為替取引に実需原則が課されていたので、こうした考えにも一定の意味があった。

しかし、現在では、実需以外の要因による通貨取引が膨大な量になっており、為替レートは、実物面での取引によるというよりは、金融的な取引によって左右される面が大きい。

そして、金融取引は、投機的な動機によって大きく影響を受ける。こうした世界では、「適切な為替レート」というものは考えにくい。

ただし、投機筋の動向を見ることによって、今後の為替レートについて一定の情報を得ることはできる。

円先物取引の残高を見る

為替レートの見通しに関する投機筋の見方を見るための指標としては、いくつかのものがある。しばしば用いられるのは、円先物取引の建玉《たてぎょく》（ポジション）だ。これは、約定（株式売買が成立すること）後に反対売買されないまま残っている未決済残高を指す。

先物の売り（ショート）と買い（ロング）を比較することがしばしば行なわれる。

先物契約をすれば、将来円を受け渡す価格を現時点で決めることができる。先物売りポジションを持っていると、将来円安になれば、円を安く買って高く売ることができるので、利益を得ることができる。

これについて2018年以降の動向を見ると、2020年頃までは、ロングがショートを相当上回っていた。これは、「将来円高になる」という見通しを持つ投機筋のほうが多かったことを示している。

ところが、その後に、2回の急激な変化が起きた。1回目は2021年1月で、ショートが急に増え、またロングが急に減少した。その結果、ショートがロングより多くなった。つまり、それまでは「将来円高」という見通しが多かったのが、逆転したのである。

21年1月26日、27日の米連邦公開市場委員会（FOMC）では、フェデラルファンド（FF）金利の誘導目標を年0・00％〜0・25％で据え置き、ゼロ金利政策の維持を決定した。つまり、このときには、FRBの金融政策は不変だった。

ただし、FRBは、22年中の政策金利引き上げを21年9月に示唆していた。そして、アメリカの長期金利上昇が、21年1月から顕著になっていた。前記の期待変化は、こうした事情を反映したものであったのだろう。

2022年の3月下旬に、2回目の大きな変化があった。ショートが急激に増え、またロングが減少した。これは、FRBが1回目の利上げを決定したときだ。すなわち、3月15日、16日の米連邦公開市場委員会で、フェデラルファンド金利の誘導目標を、0・00％〜0・25％から0・25％〜0・50％へ引き上げた。他方で、日銀が長期金利の上昇を絶対に認めないと決めた。これによって、「将来円安が進む」との予測が増えたのだ。

それ以来、数カ月にわたってかなり顕著な円安が続いたので、円のショートポジションを取ったヘッジファンドは巨額の利益を得たと思われる。

2――日銀は金利を引き上げる必要がある

日銀は円キャリーの投機取引を支え、円安を加速させている

日米間に顕著な金利差があるので、円で資金調達してドルで運用する円キャリー取引が発生する。

本章の1で注意したように、仮に将来円高になれば損失を被るから、これは投機的な取引だ。しかし、2022年12月まで日銀が金利を抑えていたので、ほとんどリスクなしに巨額の利益を得られた。投機筋にしてみれば、中央銀行が投機取引の利益を保証してくれるという、滅多にない機会が生じたことになる。

円キャリー取引は、円を売ってドルを買うので、円安を促進する。このため、さらに円安が進み、それがキャリー取引を増やすという悪循環が生じた。

金利上限値を、物価上昇率に合わせて引き上げる必要がある

長期金利の上限値として０・25％が設定されていたのは、期待インフレ率がほぼその程度という想定をもととしていたのだろう。

つまり、実質金利としては、０％近辺が適切と考えられていたわけだ。実質金利ゼロの目標を維持するなら、物価上昇率が高まれば、名目金利を引上げなければならない。

物価が急速に上昇しているにもかかわらず金利目標を名目値で固定すれば、実質金利が大きくマイナスになってしまい、金融緩和が進みすぎてしまう。

なお、実質金利は、現実の物価上昇率というより、期待インフレ率で評価されるべきだ。２０２２年の日本の期待インフレ率は、現実の物価上昇率よりさらに高かったかもしれない。そうであれば、名目長期金利の目標値をさらに高くすることが必要だった。

長期金利が上昇すると、さまざまな弊害が発生すると言われる。しかし、各国の中央銀行が競って利上げを行なったのは、物価が高騰する中で金利をそのままにしておけば、実質金利のマイナス幅があまりに拡大してしまって、経済に歪みを与えるからだ。

日本でも、円安の進行を少しでも抑えることによって輸入物価の高騰を抑え、それによっ

て企業の原価上昇を食い止めることが、何より重要だ。

日銀は、今回の物価上昇は賃金の上昇を伴わない一時的なものだから新たな対応はしないとしたのだが、一時的にせよ対応すべきだ。物価上昇が収まれば、元に戻せばよい。

物価上昇率が高まれば、名目金利も上がるのが道理

政府の財政収支試算（「中長期の経済財政に関する試算」2023年1月24日）は、物価上昇率が2％になった場合、長期金利も上昇するという、ごく当然のシナリオを描いている。

具体的には、「成長実現ケース」では、消費者物価の上昇率が2026年から2％となり、名目長期金利は2029年に2・0％、2032年には3・1％になるとされている。これが正常な経済の姿だと考えられているわけだ。なお、市中の国債利回りが上昇しても、国債の発行金利にすぐには影響しない。既発行国債の表面利率は元のままだ。したがって、市中金利が上昇してから国債費が増えるまでには、かなりの時間がかかる。

財政収支試算では、長期金利が上昇しても、国の財政収支（基礎的収支だけでなく国債費なども含めたもの）の対GDP比は、2032年度で▲1・8％にとどまる。これは、2022年度の▲10・2％に比べて大幅な改善だ。

3――日米のインフレは、どこが違うか？

総需要・総供給のモデルとは

世界的なインフレに直面して、各国の政策当局はマクロ経済運営について、困難で重大な問題に直面している。この状況を理解し、今後の展開を見通すために、マクロ経済学の標準的なモデルである「総需要・総供給」のフレームワークを用いて考えることにしよう。

「総需要・総供給のモデル」とは、図表5-3のように、縦軸に物価水準（または物価上昇率）を、横軸に経済全体の実質総産出量（実質ＧＤＰ）をとって、総需要曲線と総供給曲線を描き、両者の交点が経済の均衡だとするマクロ経済のモデルだ。

総需要曲線は右下がりであり、総供給曲線は右上がりだ。これらは、個別財についての需要・供給曲線と似た形をしている。しかし、そうなる理由は全く違う。

総需要・総供給の場合には、横軸は個別財の量ではなく、経済全体の産出量だ。そして、

図表5-3　総需要と総供給

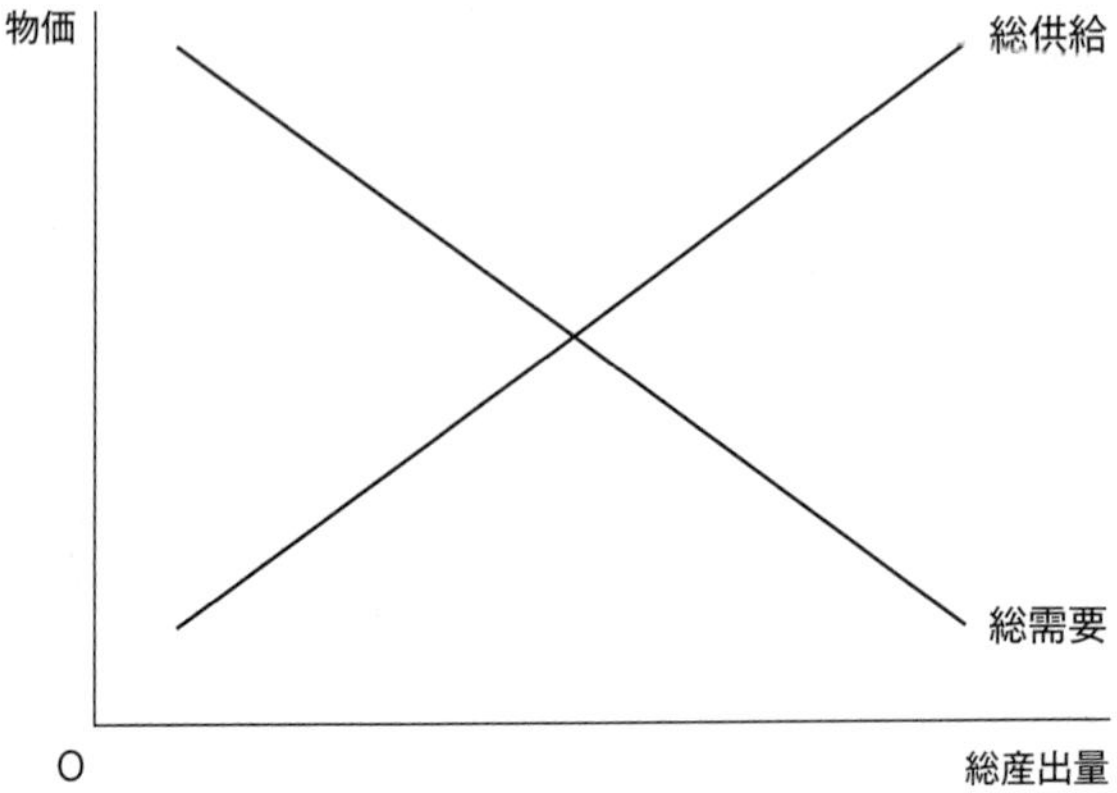

縦軸は、他財との相対価格ではなく、経済全体の物価水準だ。

総需要曲線は、ＩＳ－ＬＭ分析の結果から導かれる。ＩＳ－ＬＭ分析とは、図表5－4のように、縦軸に利子率、横軸に総産出量をとって、ＩＳ曲線（財市場での均衡をもたらす利子率と産出量の組み合わせを示す曲線）と、ＬＭ曲線（マネーの市場での均衡をもたらす利子率と産出量の組み合わせを示す曲線）を描き、これらの交点によって経済の均衡が示されるとするモデルだ（このモデルでは、物価水準が一定の経済が考えられている）。

ＩＳ曲線は右下がりだ。利子率が低ければ、投資需要が増えるからだ。ＬＭ曲線は右上がりだ。産出量が増えれば、取引のための

図表5-4 IS-LM分析

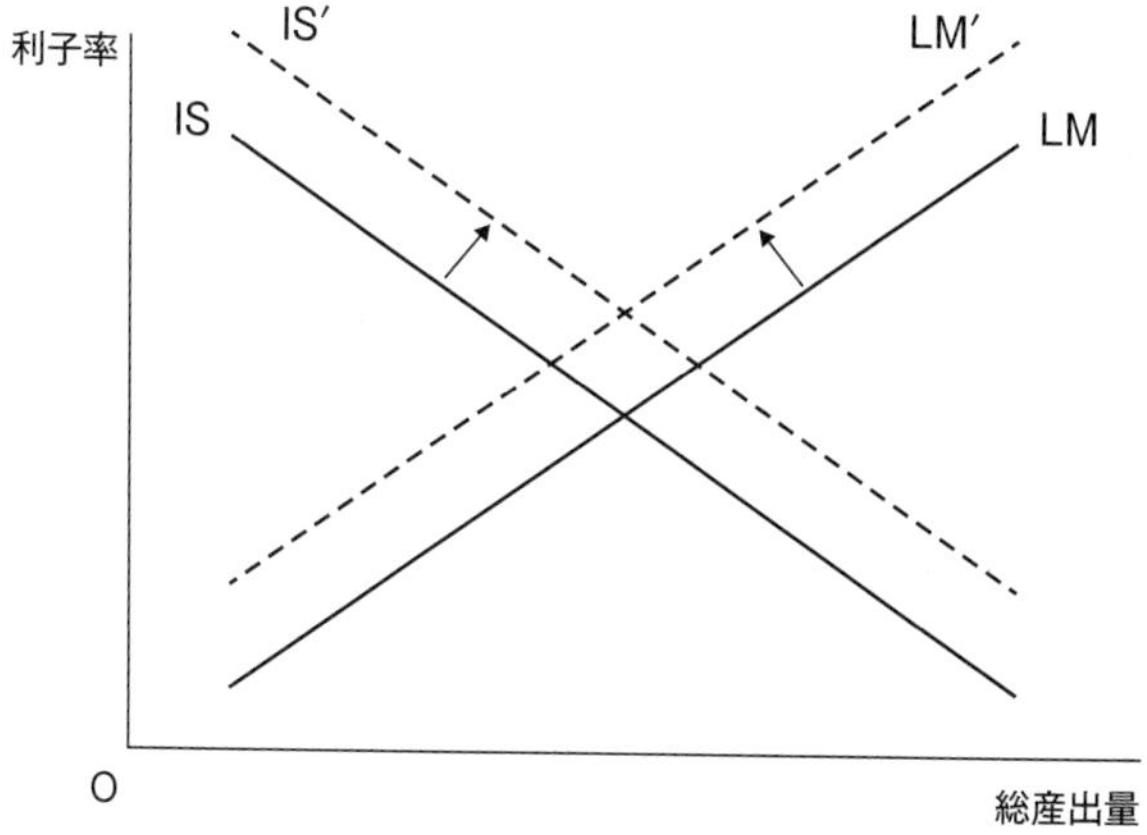

マネーの需要が増えるので、マネーの供給が一定の場合には、資産としてのマネーに対する需要を減らす必要があり、そのために、利子率が高くなる必要があるからだ。

外生的な需要項目である財政支出が増加すると、図表５−４のように、ＩＳ曲線は右上方にシフトする。したがって、均衡産出量は増加し、均衡利子率は上昇する。政策変数である貨幣供給量を減少させると、ＬＭ曲線は左上方にシフトする。したがって、均衡産出量は減少し、均衡利子率は上昇する。

総需要曲線が右下がりとなる理由はつぎのとおり。いま、経済が総需要曲線上の1点にあったとする。ここで物価が上昇すると、実質貨幣供給量は減少する。したがって、ＬＭ

曲線は左方向にシフトし、均衡産出量は減少する。したがって、総需要曲線上では左に移動することになるからだ。総供給曲線は右上がりだ。これは、フィリップス曲線に見られる関係（物価が高いほど失業率が低い）を元としている。

アメリカのインフレは、総需要曲線のシフトによるデマンドプル・インフレ

２０２１年春以降にアメリカで起こった変化が、図表５-５に示されている。コロナからの回復期待に伴って、２０２１年４月以降に、総需要曲線がＤ１からＤ２へと右方向にシフトした。

総需要曲線の右方シフトをもたらした要因は、いくつかある。第一は、コロナ禍で制限されていた旅行や会食などの回復（いわゆる「リベンジ消費」）。第二は、コロナ対策として政府から支給された給付金が消費されないで貯蓄され、それがいま消費に回っていること（強制貯蓄の消費化）。第三は、賃金が上昇していることによる消費増だ。

このため、産出量が増大したが、同時に物価も上昇した。これは、国内需要の増加によって総需要曲線が右にシフトした結果もたらされた「デマンドプル・インフレ」だ（ただし、２０２２年２月以降は、ロシアのウクライナ侵攻によって生じたコストプッシュ的な要因も働いて

図表5-5　アメリカ：総需要曲線のシフトによるデマンドプル・インフレ

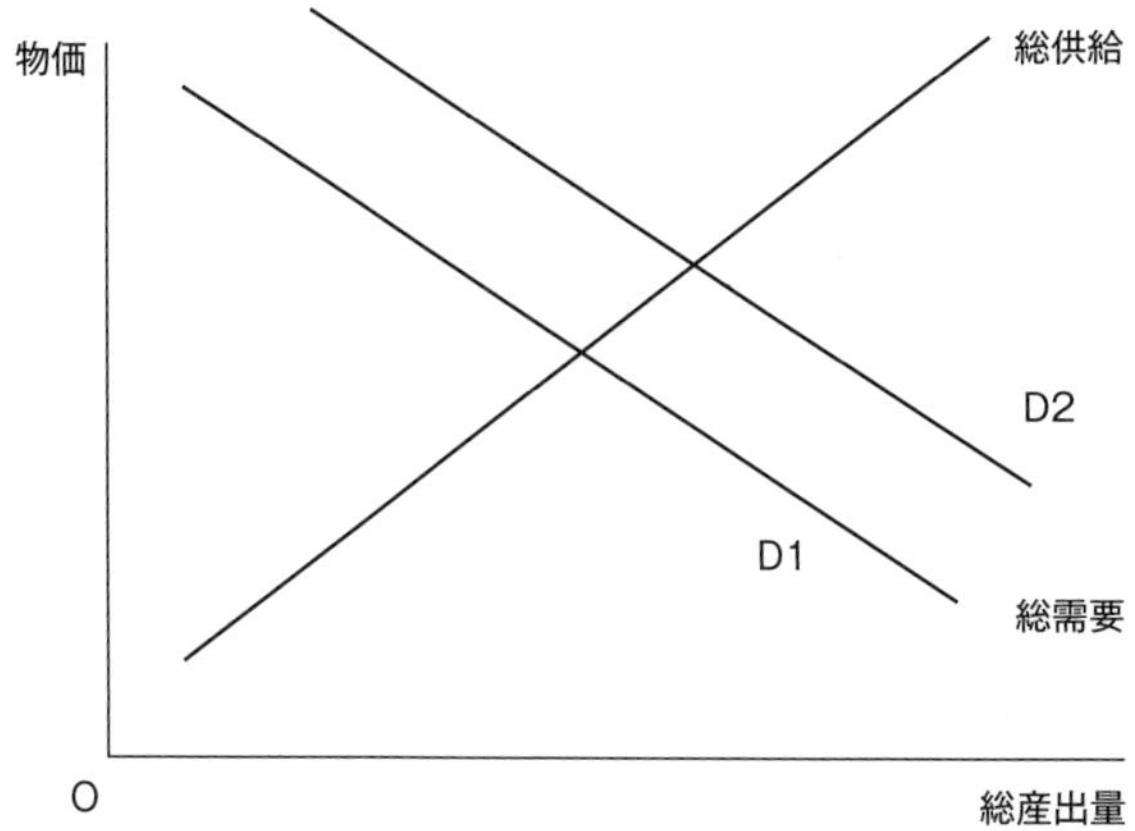

いるが、それは図表５-５には示していない）。

これに対して、ＦＲＢ（米連邦準備制度理事会）は、金融引き締め政策を行なった。これは、ＬＭ曲線を左にシフトさせるので、金利が上昇する。物価を引き下げるために、総需要曲線を左方向にシフトさせようとしているのだ。

図表５-５から分かるように、これによって経済の総産出量は減少する。しかし、ＦＲＢは、アメリカ経済に痛みを与えてもインフレの抑制を実行するとしている。

ただし、ここで注意が必要なのは、それは、２０２１年４月以降に生じた総需要曲線の右方シフトを、元の位置に戻そうとしているだけだということだ。つまり、過熱化した経済を抑えるのが目的だ。金融引き締めを行なっても、それが一定の限度を超えない限り、総産出量がコロナ禍以前より減るわけではない（もちろん、引き締めが過度になれば、コロナ禍以前より総産出量が減る事態になることも、ありえなくはない）。

日本で生じているのは、総供給曲線のシフトによるコストプッシュ・インフレ

日本の場合は、図表5-6に示すように、総供給曲線がフラットであるのが特徴だ。このため、総産出量が増えても、物価はあまり上昇しない。

2021年後半以降に生じた変化は、総供給曲線がS1からS2へと、左上方にシフトしたことだ。これは、輸入物価が上昇したことによる。物価が上昇した点ではアメリカと同じだが、それを引き起こした原因が違う。

アメリカの場合には、総需要曲線のシフトという国内要因が主だ。それに対して日本の場合には、総供給曲線のシフトが原因だ。これは、コストプッシュ・インフレである。

図表5-6を見る限り、日本の場合には、物価の上昇とともに総産出量が減少するはずだ。アメリカの場合には、物価上昇というマイナスの側面がある半面で、産出量増大というプラスの面があったのとは違う。

図表5-6 日本：総供給曲線のシフトによるコストプッシュ・インフレ

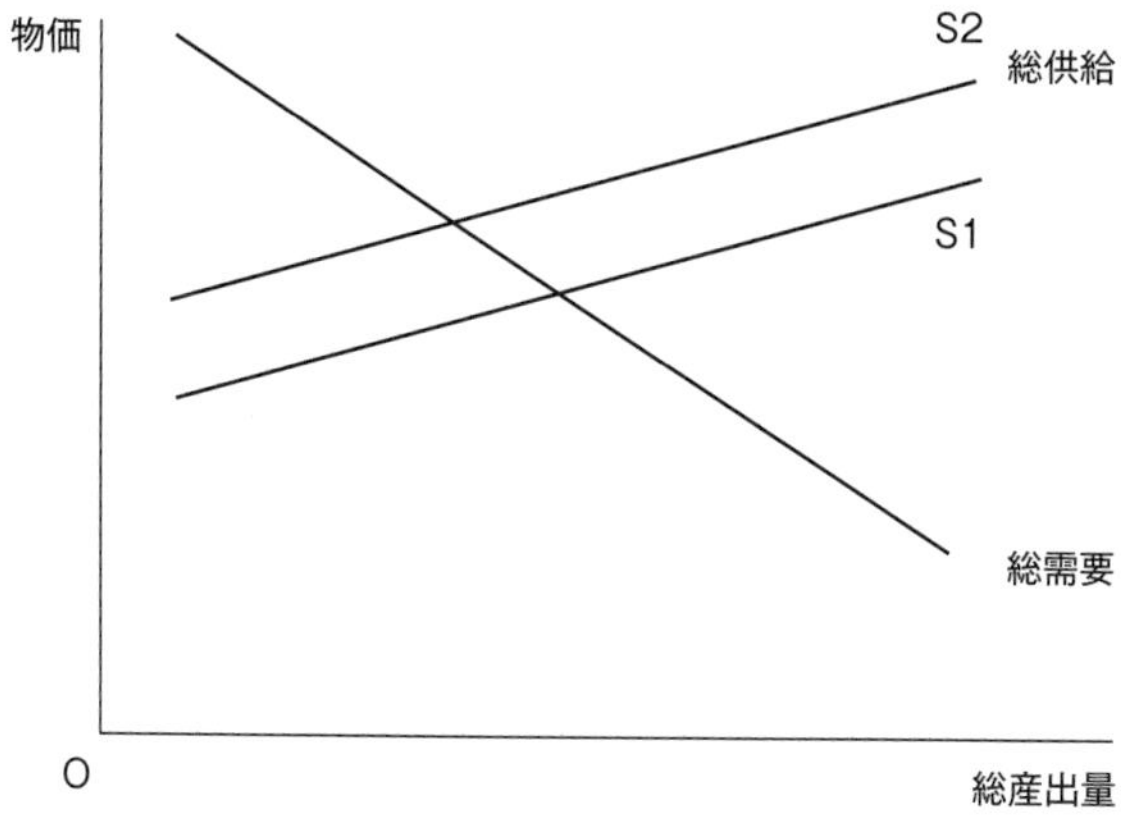

実際のデータを見ると、図表５−７のとおりだ。アメリカの場合には、21年４月以降、経済成長率が顕著に高まっている。

日本の場合には、輸入物価の高騰が顕著になった21年10月以降、経済成長率が顕著に低下している。成長率がマイナスになったわけではないが、アメリカの成長率の高さと比較すると、違いは明白だ。

成長率がマイナスにならなかったのは、日本の場合にも、コロナからの回復期待に伴う総需要曲線の右方シフトが生じているからだろう。ただし、それは、アメリカの場合のような大きなシフトではなかった。

なお、日本の場合に物価上昇が欧米諸国ほど激しくないのは、「デフレ・マインドによ

図表5-7 実質GDPの対前年同期比(単位:%)

	日本	アメリカ
2021/1−3.	-1.1	1.2
4−6.	7.7	12.5
7−9.	1.8	5.0
10−12.	0.8	5.7
2022/1−3.	0.5	3.7
4−6.	1.7	1.8

出所:内閣府、BEA

る」と言われることがある。しかし、「デフレ・マインド」とは、曖昧《あいまい》な概念だ。

これまで日本で物価上昇率が低かったのは、図表5-6に示すように、総供給曲線がフラットだったからだ(第4章の1参照)。このため、総需要曲線が右にシフトしても、物価が大きく上昇することがなかったのだ。

しかし、2022年の物価上昇は、これとは異なる要因で生じている。図表5-6に示すように、総供給曲線が左上方にシフトしたことが原因だ。だから、「これまで物価上昇率が低かったので、今回も低い上昇で終わるだろう」とは言えない。

いまの日本で必要とされるのは、金利上昇の容認による総供給曲線の右方シフト

日本がいま行なうべきことは何か？　物価上昇が問題であるとするのなら、輸入物価高騰の大きな原因である円安に対処することが必要だ。金利上昇を容認すれば、為替レートは円高になり、総供給曲線は、右下方向にシフトする（図表5-6で、Ｓ２からＳ１にシフトする）。その結果、インフレ率が低下する。

それだけでなく、これによって、均衡総産出量も増加する。つまり、金利上昇の容認は、円高を通じて、経済を拡大させることになるのである。

ただし、金利上昇の容認は金融引き締めなので、総需要曲線を左下方にシフトさせることにもなる。したがって、Ｓ２からＳ１へのシフトによる効果が減殺《げんさい》されることになる。日銀が、「金利上昇を認めると、景気に悪影響」としているのは、このことを指す。

ここで、つぎの点に注意が必要だ。第一に、金利上昇を認めることの効果として、すでに述べたように、インフレ率低下を通じた総産出量増大効果があることを忘れてはならない。

第二に、金利上昇が設備投資をどれだけ減少させるかは、疑問である。最近の日本では、設備投資は金融機関からの借入というよりは、内部留保で賄われている場合のほうが多いか

らだ。

以上を考慮すれば、いまの日本で必要とされるのは、金利上昇の容認（総供給曲線の右方シフト）であることが分かる。

4――外貨預金に走る人への警告

キャピタルフライトは起こっていない

円が将来減価するという見通しが強まり、国民の大部分がそのような見通しを持つようになると、所有している円建て資産を外貨建て（例えばドル建て）に変える動きが生じる可能性がある。これが、「キャピタルフライト」（資本逃避）だ。

大規模なキャピタルフライトが生じると、日本経済は崩壊する危険がある。ただ幸いなことに、現時点では、そうした事態には立ち至っていない。むしろ、個人の外貨建て預金を見ると、残高は減少気味だ（図表5-8参照）。これは、利益確定で外貨預金を引き出す動きが生じているからだろう。

ただし、将来も安心してよいという保証はない。

図表5-8 個人預金の外貨預金残高（単位：100億円）

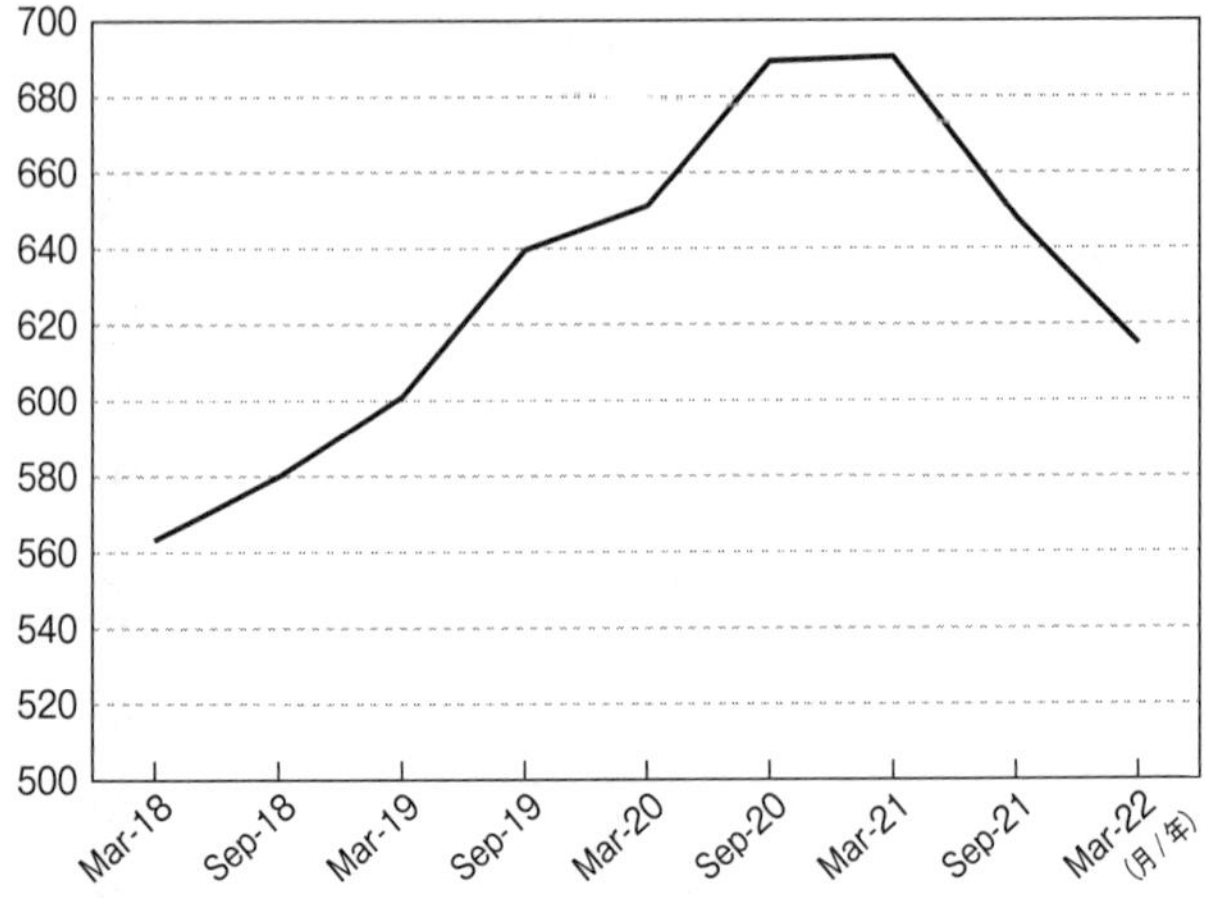

出所：日本銀行

資産防衛のために外貨預金をするのは正解か？

２０２２年に急激な円安が続いたとき、資産防衛のために外貨預金をしなければ、と考える人が一時増えた。新生銀行の外貨定期預金残高は半年間で６割超増え、ソニー銀行では１カ月間の新たな預入額が半年前から８割増えた。

こうした行動に対して警告したい。これは、極めて危険な投機的行動だ。将来、円高になって元本を失う危険がある。

外貨預金をする目的としてこれまで言われていたのは、金利収入を増やすことだ。しかし、円安進行時には、資産価値の維持が目的とされた。つまり、外貨預金をしようとする人々が期待したのは、今後、長期間にわたり円安が続くこと、そして、円安になっただけ為替差益を得られることだ。

しかし、その期待が実現する保証は何もない。円安が続く可能性はあるが、逆に、円高になる可能性も、以下に述べる理由によって、十分ある。

いま外貨預金をすれば、「安値売り」の可能性

現実の市場為替レートは、２０２２年には、２０２１年よりは大幅に円安になった。だから、これまで外貨預金を持っていた人は、利益を得た。これは間違いない。

しかし、いま円から外貨に転換すれば、長期的な傾向から見て、円の「安値売り」となる可能性が高い。

それだけではない。購買力平価に比べても安値売りをすることとなる可能性が高い。その理由はつぎのとおりだ。

ＯＥＣＤの購買力平価は、２０２１年までしか計算されていないのだが、現時点では、２０２１年の値より円高になっている可能性が高い。なぜなら、２０２２年には、外国の物価はかなり上昇したからだ。日本も物価上昇に見舞われたが、上昇率は外国より低い。だか

ら、国際的な一物一価を実現するためには、購買力平価は、2021年より円高になる必要がある。

ここで、将来の市場為替レートは、将来の購買力平価の周りを変動するものと考えよう。その場合、購買力平価は市場為替レートほど大きくは変動しないので、2022年に円高になったレベルから、あまり大きくは変化しないだろう。仮にそうなれば、将来の市場為替レートは、いまよりはかなり円高になる。

必ずこのようになるかどうかは分からないのだが、図表5-2に見られる過去の動向から、そうなる可能性は十分ある。日本銀行の金融政策が正常化された場合には、そうなる可能性が高まる。

仮にそうなった場合には、いまから外貨預金を始めるとすれば、引き出すときには、いまより円高になっている。

これから外貨預金をしようという人は、いまよりさらに円安になることを期待しているのだろう。その期待が満たされる可能性はある。その場合には、外貨預金にしなかった人は、それを悔やむかもしれない。

しかし、逆の結果となる可能性も十分にある。そうなれば、外貨預金は、円で見て元本割れになる。

　預金の多くは、生活の基本的なニーズに備えるために保有しているのであろう。それが元本割れになれば、生活設計は大きく狂う。とりわけ、退職後の生活に備えて蓄積している預金が元本割れになることは、重大な問題だ。

ファンドの取引と預金は、同じではない

　以上で述べたことについて、「ヘッジファンドというプロ集団も、円を売ってドルを買っているではないか。外貨預金をするのもそれと同じだ。プロがやっているのと同じことをやって、損するはずはない」という意見があるかもしれない。

　しかし、ファンドが行なっていることと外貨預金は違う。最も大きな違いは、ファンドが行なっているのは、短期的取引であることだ。例えば、数カ月先に決済をするような取引だ。そうであれば、数カ月間円安が続けばよいのである。

　それに対して、いま外貨預金をしたい人は、数十年というような長期間を考えているはずだ。このような長期間について状況がどう変化するかは、大きな不確実性に包まれている。

第5章のまとめ

1. 日銀が長期金利を抑えていたため、円安が加速した。円の購買力は、「ビッグマック指数」で見る「適正なレート」の半分程度しかない。OECDが計算する購買力平価は、1ドル=100円程度だ。
2. 物価が上昇したので、金融政策を以前と同じに保つには、名目金利の上昇を認めて、実質金利のマイナス幅拡大を抑える必要がある。
3. 「総需要・総供給モデル」を用いれば、現在のマクロ経済の状況を正しく理解し、必要とされる政策を正しく判断することができる。いまの日本で必要なのは、金利上昇を容認することによって、総供給曲線をシフトさせることだ。
4. 外貨預金はきわめてリスクが高い。円高になれば、元本が減る。

第6章

矛盾だらけの経済政策

1――政府がブレーキをかけ、日銀がアクセルを踏む

為替介入の効果がないのは、日銀が打ち消したから

急激な円安の進行に対処するため、日本政府は、2022年9月22日に、円買い・ドル売りの為替介入に踏み切った。これによって、一時、1ドル＝146円寸前まで円安になっていた円レートは、一時140円台まで押し戻された。

しかし、その後再び、円安への動きが生じた。9月26日には、一時、1ドル＝144円台となった。

「介入の効果がないのは介入可能額に限度があるからだ」という指摘があった（これについては後で述べる）。それもあるが、最も基本的な理由は、日本銀行が介入の効果を打ち消したからだ。

もう少し詳しく言うと、つぎのとおりだ。円高に向けての介入をすると、日本の短期金利

に上昇圧力が加わる。ところが、日銀は金利を抑える政策（イールドカーブ・コントロール：YCC）を行なっているので、日本国債を購入して金利を抑え込む。

この結果、介入の効果は弱くなる。あるいはなくなってしまう。つまり、政府が円安を阻止しようとブレーキをかけても、日銀がアクセルを踏んでそれを打ち消してしまったのだ。

「不胎化」で介入効果を打ち消すと、日銀総裁が明言

右に述べたのは、「不胎化《ふたいか》」という言葉で表現されているメカニズムだ。一般にはあまり馴染みがなく、一部の人の間だけで使われている業界用語のようなものだが、22年9月に生じた事態の本質は、ここにある。

日銀が実際に不胎化を行なうかどうかについて、黒田東彦《はるひこ》日銀総裁（当時）は、9月22日の政府介入に先立つ会見で、「YCCをしている以上、円資金の引き締まりは自動的に解消される」と明言した。自動的に不胎化が行なわれ、介入の効果を打ち消すというのだ。

つまり、「財務省が介入しても、日銀の不胎化によって効果が薄れる、あるいは、効果がなくなる」と明言したことになる。日銀の政策と政府の政策が、正面から衝突しているのを認めたことになる。実は、これが9月22日の会見で最も重要な点だった。

財務省は、介入にあたって「断固たる措置を取る」と宣言した。「断固たる措置」の最も重要な点は、介入の効果を打ち消すようなこと（不胎化）を日銀にさせないことであるはずだ。

財務大臣は「日銀と連携」と言うが、実態は「対立」

これ以前においても、政府の物価対策と日銀の金融緩和は矛盾していた。

これまで述べてきたように、物価上昇の半分程度はウクライナ情勢などによる資源価格高騰によるものだが、残り半分程度は円安によるものだからだ。したがって、本来であれば、円安の阻止こそが最も重要な物価対策なのだ。日銀が金融緩和を続ける以上、円安は進行し、それによる輸入物価の高騰は止められない。

政府の政策と日銀の政策が矛盾しているのではないかとの批判に対して、鈴木俊一財務大臣は、「黒田総裁も急激な円安に対する強い憂慮の念について発言しており、こうした点について政府と日銀は認識を共有している。これからも政府と日銀が連携しながらしっかり対応したい」と述べ、対応に矛盾はないとした。

しかし、これは何とも不可解な説明だ。連携と言うなら、すでに述べたように、最低限、日銀に不胎化を許すべきではない。つまり、介入による金利上昇を認めさせるべきだ。それは、YCCの放棄を求めるのと同じことである。

政府が介入という形で為替レートに対処する政策をとったため、政府と日銀の政策の食い違いが、極めて明確な形でさらけ出された。政府と日銀は逆方向を向いている。政府と日銀の関係は、連携でも協調でもなく、対立だ。

為替レートの動向は、日本経済の動向と国民生活に大きな影響を与える。それについて、日銀と政府の政策が正反対であるのは、ゆゆしき問題だ。

日本国民も市場参加者も、政府と日銀のどちらを信用してよいか、分からない。政府の力が強ければ円安が止まって円高になるし、日銀の力が強ければ、それとちょうど逆になる。こうした異常な事態は、日本の歴史の中で、初めてのことではないだろうか？

介入も金利抑制も無限には続けられない

円高介入は限度がある。売却できるドルは、政府が外貨準備として保有している額に限定されるからだ。2022年8月末の外貨準備高は、1兆2920億ドル（約180兆円）程度とかなり大きいが、有限であることは間違いない。このように、介入資金に限度があるので、投機筋から「足下を見透かされる」可能性がある。

では、日銀の金利抑制は、いつまでも続けられるか？　実は、これも際限なく行なえるわけではない。

金利を抑制するためには、日銀が市中から国債を買い上げる必要がある。しかし、異次元緩和で大量の国債を買い上げた結果、日銀は、発行済み残高の過半を保有するという異常な状態になってしまった。これ以上国債を買い続けると、国債市場の歪みは、さらに拡大する。

実際、第7章で述べるように、2022年の秋に、国債市場では金利抑制策による歪みが無視できないほど広がった。

だから、いずれ、日銀は金利抑制策を放棄せざるをえなくなる。海外のヘッジファンドは、そう読んで、投機的な日本国債の先物売りを仕掛けたのだ。

2――政府の物価対策は大きな問題をはらむ

物価高騰の原因に対処していない

物価高騰に対処するため、政府は、２０２２年10月に「物価高克服・経済再生実現のための総合経済対策」を閣議決定した。

しかし、この政策には重大な欠陥がある。何より問題なのは、物価高騰の原因に対処していないことだ。

これまで指摘してきたように、２０２２年の日本の物価高騰の半分程度は、円安によるものだ。輸入物価指数の対前年比を見ると、それがよく分かる。対前年比は、契約通貨ベースでは21年12月以降低下したのに、円ベースでは上昇した。そして、22年以降は、前者が後者の半分程度の値になった。つまり、仮に円安がなかったとすれば、輸入物価上昇率は４割でなく、２割になっていたはずだ。

だから、円安の進行を止めることによって、国内物価の上昇率を半分程度に低下させることができた。これこそが、最も重要で、最も効果的な物価対策だ。

政府は円安を望ましいと考えているのか？

円安を放置したままで、ガソリン価格や電気料金を抑えるために巨額の財政支出を行なうのは、愚かな政策だ。

円安が物価高騰の原因の半分を占めている以上、円安をどう評価するかについて、政府の見解が示されなければならない。「急激な円安が望ましくない」とは言われたが、それは円安のスピードに関するものだ。重要なのは、為替レートの水準についての判断である。

しかし、首相の所信表明演説やこれまで公表されている総合対策の基本方針には、それが見当たらない。

その代わりに、「円安を活かした地域の活性化」ということが謳《うた》われている。ということは、政府は、「円安は望ましい」と考えているのだろうか？　地域を活性化するためには、円安をどんどん進めたほうがよい。逆に、円安を阻止すれば地域の活性化はできないということになってしまう。

すると、介入の際に「断固たる措置を取る」と言ったのは、どういう意味だったのか？　そして、円安がさらに進行した場合、政府は、地域活性化のためにそれを望ましいこととするのか？　あるいは再び介入するのか？　一体、政府はどちらを向いているのか？　もし円安を望ましいと考えているのなら、「苦しいだろうが、物価高騰に耐えよ」と国民を説得しなければならない。逆に、もし物価高騰が問題だと考えているなら、日銀に金融緩和政策の修正を求めなければならない。このどちらかでない限り、論理的に整合的で一貫した政策にはなりえない。

政府の対応や、所信表明演説や、総合経済対策を見る限り、「支離滅裂」としか言えない。それを見ている国民は、混乱するばかりだ。

日銀が金融政策を転換すれば、円安は収まる。したがって、物価上昇率を引き下げることができる。それによって、物価対策に必要な費用を節約することができる。なぜこうしたことを行なわないのか？

なお、（私は、そんなことはないだろうと信じたいが）、「支離滅裂でもよいから、時間稼ぎをすればよい」という考えが、ありえなくはない。つまり、そのうちアメリカの利上げも終了し、世界的に金利が低下する。そのため、円安の圧力もなくなる。そうなれば、「うやむやのうちに逃げ切れる」という考えだ。

私は、日本の政策当局がそんな無責任な考えを持っているとは思いたくない。実際、事態はそれほど甘くない。とりわけ恐ろしいのは、第5章の4で述べたキャピタルフライトだ。円安が放置されていると、日本人が自国通貨を見放し、資産を外貨建ての資産に移す動きが生じる危険がある。仮にそうしたことが大規模に起きれば、壊滅的な事態になる。

原油価格が下がれば、円安のみが物価高騰の原因になる

原油価格は、2022年の3月初めに1バレル＝100ドルを超えた。6月中旬には120ドルを超えた。しかし、その後急落し、9月末には、77ドル程度になった。これは、2022年初め頃の水準だ。21年10月には77ドル程度だったので、それとほとんど変わらない。

もっとも、OPECによる減産の動きもあり、見通しは必ずしもはっきりしない。ただし、原油価格が下落を続ける可能性は、十分ある。仮にそうなれば、輸入物価は、契約通貨ベースで見れば下落だが、円ベースで見れば上昇ということになりえる。

つまり日銀と政府を一体として見れば、金融緩和で円安を進めて物価を上昇させ、他方で物価対策のために巨額の支出をするという、なんとも理解できない事態になる。国をあげて

のマッチポンプだ。そして、円安が続く限り、補助金はいつになっても停止できない。

補助金は、価格の需給調整機能を殺す

原因に対処せず、結果を隠蔽しようとする政府の物価対策は、以上の他にも、さまざまな問題がある。

まず、価格を抑えると、価格の需給調整機能が減殺される。ガソリン価格が上がるのは、ガソリンの消費を減らせという市場のシグナルだ。しかし、ガソリン価格を抑えてしまうと、そのシグナルが打ち消され、ガソリンの消費が抑制されない。

電気料金の上昇は、電力使用を控えるべきことを示している。そのシグナルに従って、省電力を進めることが必要だ。実際、１９７０年代の石油ショックのときには、省電力を行なった。しかし、電気料金を抑制すれば、省電力は進まない。

なお、円安を抑制する場合にも、価格は抑制される。ただし、それは、物価水準の引き下げであって、個別の財・サービスの相対価格には影響がない。だから、右に述べたような問題は起こらない。

不公平な物価対策

政府の物価対策のもう一つの問題は、不公平であることだ。価格が上昇しているのは、ガソリンと電気・ガスだけではない。それにもかかわらず、これらに対してだけ巨額の補助金を支出すれば、受益者は偏る。

食料品価格の高騰も著しいが、これを放置してもよいのか？　ガソリンを消費しない家庭はあるが、食料品を購入しない世帯はない。

ガソリンの使用者は、どちらかといえば所得の高い人々だ。だから、この政策から直接の恩恵を受けていない人は、多数いる。食料品を置き去りにしてガソリン価格を抑えるのは、順序が逆ではないか？

何台も車を持っている家庭はガソリン価格統制で大きな利益を得る。また、企業の車であっても、利益を得られる。電気・ガスはどの家庭でも消費しているが、業務用でも、補助の利益を受けることになる。

さらに、物価高騰に苦しんでいるのは、家計だけではない。事業者も、原価の高騰に苦しんでいる。とりわけ零細企業がそうだ。原価上昇を売上価格に転嫁することができないからだ。製造業でこの現象は顕著に見られる。畜産農家の経営も、飼料の高騰に圧迫されている。

こうした問題があるのに、なぜ、ガソリン、電気、ガスだけが補助の対象となるのか?

政府の物価対策の目的は、物価高騰によって生じる国民の不満をできるだけ抑えることだ。そのため、物価高騰を人々の眼から見えなくしようとしている。しかし、それでは、問題の本質は解決されない。

3――消費者物価指数が「ウソ」をつく

消費者物価上昇率が、実態より低く見える

政府は、総合経済対策によって「消費者物価（総合）上昇率を1・2ポイント程度抑制する」とした。

政府の説明では、これが望ましいことであるように書いてある。しかしこれは、消費者物価の真の姿を見えなくするという意味で、大問題なのだ。例えば、消費者物価上昇率が本当は2・2％なのに、統計では1％となる。つまり、消費者物価統計が「ウソ」をつくことになる。

だから、経済の実態を表すには、「消費者物価上昇率は、物価対策効果を除けば何％」と付け加えることが必要になる。例えば、「統計上は1％だが、実態は2・2％」と言う必要がある。

年金の物価スライドには、どの上昇率を使う?

消費者物価指数は、さまざまな施策において用いられている。それがこのような状態になってしまうと、大きな支障が発生する。[注1]

例えば、公的年金の物価スライド（物価の変動に応じて年金額を毎年更新する制度）だ。政府の統計で消費者物価上昇率が１％と発表された場合、スライド率は１％なのか、それとも２・２％なのか？　どちらかによって、年金受給者の生活は、大きな影響を受ける。

また、公的年金には「マクロ経済スライド」という仕組みがある。これが発動されるか否かは、消費者物価上昇率が０・９％程度を越えるかどうかによって決まる。この決定にも、物価抑制策は、大きな影響を与える。

実質賃金の伸び率も大きく変わる。いま、名目賃金の上昇率が２・０％であるものとしよう。右の例の場合、実質賃金の上昇率は、本当は▲０・２％（＝２・０－２・２）なのだが、政府の公式統計では、１・０％（＝２・０－１）ということになる。両者は、かなり印象が違う。どちらを用いるかで、政策のあり方は大きく異なるものになるだろう。

注1：政府が約束している物価対策は、2023年9月までのものだが、さらに延長される可能性がある。そこで、話を簡単にするため、ここでは、年間を通じて、消費者物価の伸び率が1・2ポイント抑えられるものとした。

年金スライドで訴訟が起きる？

右で述べた年金の物価スライドに関しては、「政府の物価抑制策で家計は恩恵を受けるのだから、1・2ポイント引き下げられた政府の公式統計を、物価スライドに用いることが正しい」との反論があるかもしれない。政府の資料でも、「今回の措置で、標準的な世帯において、1―9月で総額4万5000円の負担軽減が生じる」としている。[注2]

しかし、これは単純な平均計算だ。すべての家計が実際にこれだけの恩恵を受けるわけではない。年金受給世帯は、乗用車を持っていない場合も多いだろう。そうした世帯は、ガソリン補助によって何の恩恵も受けない。電気やガスの使用量も、標準世帯より少ない場合が多いだろう。

そうであれば、「年金の物価スライドには、政府の公式統計である1・0％でなく、実態である2・2％を用いるべきだ」という議論が成り立ちうる。

年金額がどうなるかは、年金受給世帯にとって大問題だ。これをめぐって、訴訟が起きてもおかしくない。最低限、「年金スライドに用いるべき消費者物価上昇率は何であるべきか」についての掘り下げた議論は不可欠だろう。

一般に、統計の偽造は大問題だ。2018年末には、厚生労働省の「毎月勤労統計」の不正が発覚した。2021年末には、国土交通省の「建設工事受注動態統計」の不正が発覚した。

これらは確かに問題だ。統計の数字をねじ曲げてしまえば、経済の本当の姿が分からなくなり、適切な対応が取れなくなるからだ。ただし、これらの統計偽造は、国民生活に直接の影響を与えることはなかった。

しかし、消費者物価統計がねじ曲げられてしまうことは、これらとはまるでスケールが違う。国民生活に直接の影響がある。

注2：標準世帯とは、夫婦と子供2人の4人で構成される世帯のうち、有業者が世帯主1人だけの世帯。

4——体温計を壊して病状を見えなくする政府

必要なのは、体温計を壊すことでなく、治療すること

これまで強調してきたように、総合経済対策の基本的な問題は、原因に対処しようとしていないことだ。物価上昇の原因の半分程度は円安なので、まず円安を止めるべきだ。そのために、日本銀行が長期金利の統制をやめて、市場の実勢に任せるべきだ。

物価対策は、ただで行なえるのではない。国民の負担になる。しかも、2023年から5年間の防衛費の総額と同じ程度の大きさだ。巨大なマッチポンプと言わざるをえない。

政府は、価格統制を2023年9月まで行なうとしている。しかし、そこでやめられるかどうか分からない。円安が続いて、いつになってもやめられない危険性がある。

物価や金利という基本的な経済指標を統制するので、日本経済が抱えている本当の問題が見えなくなる。これは、病気になって体温が上がり、血圧が上がっているのに、体温計や血

圧計を操作して、正しい表示がなされないようにしていることに喩《たと》えることができる。こんなことをしたら、病気は悪くなるばかりだ。

物価対策も全く同じだ。物価高騰は、病気のようなものである。本当に必要なのは、物価高騰の原因に対処することだ。そのためには、すでに述べたように、金融政策を転換して円安を止めるべきだ。それをせずに物価を抑制しようとするのは、体温計や血圧計の表示を操作するのと、全く同じである。それによって、人々は物価高騰を意識しなくなる。そして、円安はますます進む。

なお、円安を抑えても、物価上昇を全くゼロにすることはできない。それに対しては、生活困窮世帯に直接の補助を行なうべきだ。「市場価格を操作するのでなく、困窮者に対する直接の補助を行なうべし」とは、経済政策の鉄則である。

石油ショック時の対応は正しかった

１９７３年の石油ショックの際、政府は予算編成途中の11月に、「総需要抑制策」をとり、大型公共事業を凍結・縮小した。１９７４年には公定歩合の引き上げが行なわれ、企業の設備投資を抑制する政策がとられた。そして、省エネが行なわれた。役所のビルの照明が薄暗くなり、エレベータの運行制限が行なわれたことを、よく覚えている。

では、このとき、物価抑制策はとられたか？　ちり紙、トイレットペーパー、家庭用灯油、家庭用液化石油ガスには標準価格を設定した。しかし、財政支援は行なわなかった。

こうしたことこそが正しい政策だ。日本の経済政策の質がなんと劣化してしまったことか。恐ろしいとしか言いようがない。

われわれは、朝三暮四の猿ではない

物価上昇は、国民の不満を高める。だから、政治の場では、価格を見えなくしようとする政策がとられる。しかし、それでは、問題は何も改善されない。省エネは行なわれないので、事態を悪化させる。だから、最悪の政策なのだ。

「朝三暮四《ちようさんぼし》」という故事がある。宋の狙公《そこう》は、飼っている猿にトチの実を与えていた。ところが、貧乏になったので、トチの実を減らそうとした。

「朝に三個、夕方に四個にする」と猿たちに提案したところ、猿は激怒。そこで、「では、朝に四個、夕方に三個にする」と再提案したら、猿たちは大喜びした、という話だ。

これから、「実態は何も変わらないのに、見かけを変えてごまかすこと」、「目先の利害にこだわって、全体としての大きな詐術《さじゅつ》に気づかぬこと」を、「朝三暮四」と言うようになった。

ガソリン代、電気代、ガス代などが値上がりすると、国民は怒る。そこで、少し複雑にする。つまり、補助金を出して価格を抑える。そのための財源として国債を増発する。そのままだと金利が上昇してしまうので、それを抑える、という戦略だ。こうすれば、事態は分かりにくくなるので、国民は喜ぶだろうというわけだ。しかし、日本国民は、これで騙されるほど愚かであってはならない。

5——国債償還期間延長で、無から有を生み出せるか？

防衛費増額の財源を、国債償還期間延長で生み出す？

政府は2022年末に、2027年度の防衛費を現状から3・7兆円増加させる方針を決めた。このうち2・6兆円以上は歳出改革や税外収入、決算剰余金で捻出する。そして、残り約1兆円を法人・所得・たばこの3税の増税で確保する。ただし、増税時期の具体的な議論は23年に先送りした。

こうした情勢の下で、防衛費の増額を賄う財源として、国債の償還を現行の60年から80年に延長するというアイディアが浮上した。自民党の萩生田光一政調会長は、「80年に延ばすことで生み出されるお金を防衛費に回すことも選択肢として検討に値する」と語った。世耕《せこう》弘成《ひろしげ》参院幹事長も、このアイディアについて「議論する機会と場所をつくることが重要だ」とした。

償還期間を長くすれば、１年度当たりの債務償還費を圧縮することができる。したがって、その分だけ一般会計予算に余裕が生じる。

こうして、歳出削減をしたり、増税や国債発行増額によって民間に対する負担を増やしたりすることなしに、防衛費を増やすことができると考えられているようだ。

しかし、そんな手品のようなことができるのだろうか？

もしできるとすれば、この手法によっていくらでも歳出を増やせるという誠に不思議なことになってしまう。

国債は、債務償還費と借換債で償還する

そのような不思議なことは、ありえないはずだ。防衛費を増やすのであれば、どんな手段によるにせよ、どこかで民間に対する負担が増えているはずだ。では、どこで増えるのか？　それを突き止めるには、国債償還の仕組みを知る必要がある。

現在の制度では、発行残高の60分の１に相当する額を、国の一般会計で債務償還費として計上し、これを国債整理基金特別会計（国債の償還、借り換えを行なう特別会計）に繰り入れる。23年度予算案での償還費は16・３兆円だ。

60分の1ずつ毎年償還財源を積むことによって、60年間かけて全額を償還するというわけだ。

なぜ60年なのか？　建設国債の場合には、調達した資金が公共事業に充てられる。そして、道路や橋などの社会資本の平均的な耐用年数が60年程度と見積もられることから、このルールになっている。

赤字国債については、当初は、現金での償還が原則とされていたが、１９８５年度から建設国債と同じルールが適用されるようになった。

ただ、債務償還費だけでは、国債を償還することはできない。残りの金額は、国債整理基金特別会計が借換債《かりかえさい》を発行して調達する。

償還期間延長は、国債増発で防衛費増を賄うのと同じ

償還期間を延ばせば、一般会計から国債整理基金特別会計に対する繰り入れは確かに減る。

しかし、ここで、当然のことを思い出さなければならない。

それは、「ある年度において償還すべき国債の額は、国がどのような償還ルールを採用し

ようが、過去の国債発行額によって決まっている」ということだ。

例えば、ある年に発行された10年債は、10年経てば、国債償還ルールにかかわりなく、償還されなければならない。つまり、その国債の所有者に、額面金額だけの現金を支払わなければならない。

国が償還ルールを60年から80年に延長したところで、国と国債保有者との関係は、何も変わらない。

いま仮に、国債償還ルールを変更し、債務償還費以外の一般会計歳出は変わらないとしよう。それによって、一般会計の債務償還費は減る。したがって、歳出総額も減る。したがって、赤字国債の発行額も減る。

しかし、国債整理基金特別会計の借換債発行額は同額だけ増えるから、国債発行の総額は不変にとどまる。

仮に、一般会計の債務償還費の減少分だけ防衛費を増額するとすれば、国債発行の総額は防衛費の増額分だけ増えることになる。つまり、防衛費の増額を借換債の増発で賄ったのと同じことになる。

政府と民間との関係でいえば、一般会計で赤字国債を増発して防衛費増を賄おうが、特別会計の借換債増発で賄おうが、何も違いはない。

赤字国債とか建設国債とか借換債というのは、国債発行の根拠規定による区別である。しかし、国と民間との関係で言えば、これによる違いは何もない。国と民間との間で問題になるのは、償還期間（2年なのか、10年なのかなどの違い）と、発行条件（表面利回りや発行価格）だけだ。

例えば、10年債で発行条件が同じなら、赤字国債だろうが借換債だろうが、何の違いもない。

償還期間を延長すれば、国債の償還をさらに遠い将来に先送りすることができるような錯覚に陥りがちなのだが、償還期間を延長しても、国債の償還を先送りすることはできないのだ。

つまり、国と国債保有者との関係は何も変わっていない。ここで議論されているのは、10年債として発行した国債を10年経っても償還せず、20年目に償還するというようなことではない。

ある年度において償還すべき総額は、過去に発行された国債の額とその条件によって完全に決まってしまうのであり、これを変えることはできない。償還ルールの変更は徳政令ではないのだから、当たり前のことだ。

つまり、「償還ルールの変更で防衛費増を賄う」というのは、実際には国債の増発で賄うのを分かりにくくするだけの方策である。つまり、本章の４で述べた「朝三暮四」の一種だ。

予算案を通すのは楽になる

ただし、実を言うと、償還期間延長案は、狙公の朝三暮四より巧みである。その理由を説明しよう。

償還期間延長方式にすれば、国会で予算案を通すのは、ずっと楽になるのだ。

仮に、防衛費の増額を一般会計の赤字国債増発で賄おうとしたとしよう。その案件は、直接に国会での議論にさらされる。審議が難航することは、当然予想される。

ところが、償還期間延長策の場合には、そのための法律を一度通しておけば、後は自動的に借換債が発行されて、財源が調達される。

償還期間延長策がどのような問題を含むかは分かりにくいので、本質的な問題点が理解されないままに、可決されてしまう可能性が高い。

一度、償還期間延長法案を通しておけば、後は楽だ。仮に借換債の発行が増えたことが国会で問題になっても、「すでに決定されたことから自動的にこうなる」と説明すればそれで済んでしまう。過去に決定したことを覆すわけにはいかないのだ。

だから、いま償還期間延長案を承認すれば、国会の予算審議権は、未来永劫にわたって削られてしまうことになる。

つまり、この方策は、仕掛けを複雑にし、分かりにくくすることによって、予算の国会審議を簡単に済ませるための方策だ。その意味で、財政民主主義の基本的精神に反するものと言わざるをえない。

第6章のまとめ

1. 物価対策で最も重要なのは、物価高騰の原因である円安を阻止することだ。しかし、これに関する政府の基本姿勢がはっきりしない。政府は、円安を是とするのか非とするのかをはっきりと表明すべきだ。
2. 政府の物価対策は、原因である円安を放置して、結果だけに対処しようとしている。また、不公平だ。

3. 政府の物価対策によって、消費者物価指数伸び率が、実態より過小に表示されることになる。では、年金の物価スライドには、どちらの数字を用いるべきか?
4. 政府の物価対策は、体温計を壊して病気を見えなくするようなものだ。
5. 防衛費増の財源として、国債償還期間の延長策が浮上した。一見したところ、無から有を生み出せるようなアイディアだが、こんなことで財源が生み出せるわけがない。

第7章

行き詰まった異次元緩和

1――国債市場に異変

物価目標は達成されたのではないか？

日本銀行が金融緩和を続けたのは、物価上昇率の引き上げが表向きの目的であった。ところが、2022年の消費者物価（生鮮食品を除く総合）の対前年同月比は、8月で2・8％となった。日銀の物価上昇率目標は2％だから、常識的に考えれば、目標が達成されたので、金融緩和を停止すべきだ。つまり政策金利を引き上げ、また、長期金利の上昇を認めるべきだ。

しかし、9月22日の日銀「当面の金融政策運営について」は、こうした見方を否定し、つぎのように述べた。「2％の『物価安定の目標』の実現を目指し、これを安定的に持続するために必要な時点まで、『長短金利操作付き量的・質的金融緩和』を継続する」。

ここでのキーワードは「安定的に持続」ということだ。つまり、「いまの物価上昇は経済活性化によって生じたデマンドプル型のものではなく、外生的なコストプッシュ・インフレであるから、安定的ではない」ということだ。

しかし、そうではあっても、物価上昇が続いていることは事実だ。そして、日銀も、物価上昇率はさらに上昇するとした。

実際、物価は上昇し続け、11月には３・７％の上昇率になった。

だから、「これに対処しなくてよいのか?」という疑問が生じる。

「安定的に持続」とは、いかようにも解釈できるので、どんな場合にも、「まだ目標が達成されていない」と言える。そうなれば、いつになっても目標は達成できない。そして、金融緩和が際限なく続けられることになる。

だから、これまで述べてきたように、金融緩和の本当の目的は、金利抑制そのものであり、物価ではないと考えざるをえない。金利抑制とは、円安誘導とほぼ同義だ。だから、金融政策の真の目的は、低金利・円安以外の何物でもないということになる。

ところが、こうした日銀の姿勢に対して、金融市場が反乱を始めたのである。

国債市場に異変が起きる

２０２２年の秋に、国債市場が機能不全に陥り、正常な取引ができないという事態が生じた。

10月の国債市場で異常な状況が発生した。長期金利（10年国債利回り）は、日銀が上限とする0・25％の上限にほぼ張り付いて、取引が極端に減少した。10月11日の10年国債の業者間取引は、6日、7日に続いて成立しなかった。3営業日連続で売買不成立となるのは、初めてのことだ。その後も、不成立となる日が続いた。

なぜこうしたことになったのだろうか？　それは、将来の金利が現在より高くなるという予想のためだ。現在の金利は低すぎて、いつまでも続けられない。いつかは正常な状況に戻ると考えられた。

これは、国債の価格が将来下がることを意味する。そうであれば、いま高い価格で購入すれば、損失を被る。したがって、買い手がいなくなった。

日銀が設定している10年国債の利回りの上限が低すぎるために（つまり、国債の価格が高すぎるために）、日銀以外に買い手がいなくなってしまったのだ。この意味で、日本の国債市場は、機能しなくなってしまった。

国債発行増の予想が金利を引き上げた？

この時点で国債市場に異変が起きたきっかけは、政府の総合経済対策をめぐる政治の動きにあったと考えられる。

10月3日、岸田文雄首相は、所信表明演説で、電気料金の負担軽減など物価高対策を中心にした経済政策を打ち出した。その規模が相当のものになることは、9月から自民党内で論議されていた。自民党の萩生田光一政調会長は、9月の時点で、総合経済対策について、「昨年の補正予算が30兆円を超える規模。それを上回る規模での補正予算案の編成が必要」との認識を示していた。自民党の世耕弘成参院幹事長も、20日の記者会見で、「30兆円が発射台」と発言した。

こうした動きから、総合経済対策の財源は、その大半を国債増発に頼らざるをえないとの見通しが強まり、それを予想して、長期金利が上昇したものと考えられる。

2――債券市場に混乱が広がる

地方債と国債のスプレッドが異常に拡大

２０２２年秋から冬にかけて、地方債の発行利回りが急速に上昇した。これらは日銀の購入対象ではないので、市場原理に基づく金利が成立する。それが、日銀が設定する国債の利回りよりずっと高くなったのだ。つまり、日銀が直接コントロールしていないところでは、すでに金利が上がり始めたのだ。

２０２２年11月18日に発行を決めた横浜市の10年債の利率は０・４９９％と、新発10年物国債より０・25％高くなった。

12月２日に条件を決めた名古屋市と京都市の10年債の場合、利回りが０・５５４％で、新発10年物国債利回りとの乖離（スプレッド）は０・29％だった。６月には０・06％だったので、０・23％の上昇だ。

地方債は国債に比べれば信用度が低いとされているので、地方債と国債の間には、もともと利回りの差（スプレッド）があった。だから、10年物地方債の利回りが10年物国債より高くなること自体は異常ではない。

しかし、このときのスプレッドは、それでは説明できないほど開いた。地方公共団体の財政が急激に悪化したわけではないのに、スプレッドが急拡大したのだ。

こうしたことが生じたのは、マーケットが要求する10年物国債の利回りが、０・23％上昇したためだと解釈できる。「日銀のイールドカーブ・コントロールで抑え込まれた10年物国債の利回りは、経済の実態からかけ離れて低すぎる」と投資家が判断したのだ。

つまり、投資家は、10年物国債の利回りを「信頼できない」と見たのである。

そうだとすれば、10年債の「実態的な」金利は、０・25＋０・23＝０・48％ということになる。

日銀が設定する０・25％は、本来あるべき水準に比べて低すぎる。つまり、10年物国債の価格は、本来あるべき水準よりも高すぎるのだ。

イールドカーブから見ると、10年物国債の「実態」金利は0・5％になった

さらに、イールドカーブ（残存期間に応じて、利子率がどのように変化するかを示す曲線）が、歪んだ形になった。日銀が購入の対象とする10年債の利回りが極端に低く、それ以外のコントロールされていない金利が高いという形になったのだ。

10年より長期の国債利回りはコントロールされていないので、イールドカーブは10年金利までは低いが、それより期間の長い金利が急激に高くなるという、歪んだ形になった。2022年1月にすでにそうした傾向が見られたが、11月末には極端な歪みになった。1年間で、大きな変化が生じたのだ。

こうして、国でさえ、イールドカーブ・コントロール（YCC）の対象となっていない長期債には、高い金利を支払わざるをえない状況になった。ましてや、信用度が国より劣る地方公共団体や民間企業は、それより高い金利でなければ、資金調達できなくなったのだ。

つまり、実態的には、この時点で、長期金利はすでに上がっていたと考えることができる。では、どの程度の水準まで上がったのだろうか？

このときのイールドカーブで、仮に10年債利回りをそのままとして、15年債との間を自然

な形で結べば、10年金利は、少なくとも０・５％程度となる。これは、前項で見た地方債スプレッドから推定される10年国債の「実態金利水準」とほぼ同じ水準だ。

結局のところ、日銀が長期金利のコントロールをしても、マーケットはそれがないのと同じような状況を実現してしまったのだ。ＹＣＣは、事実上無効になりつつあった。

こうして、あまり遠くない将来に、日銀のＹＣＣが修正される可能性が高いと、この時点で予測された。少なくとも上限を０・25％から引き上げることは、近い将来にせざるをえなくなるのではないだろうかと予想された。私は当時、長期金利に関するコントロールは停止し、金融政策の本来の形である短期金利のみによるコントロールとし、長期金利は市場の実勢に委ねるのが望ましいとウエブの記事で書いた。

住宅ローン金利を引き上げざるをえなくなる

しかし、現実には、金利を簡単には引き上げられない事情がある。そうした事情の一つが住宅ローンだ。

これまで低金利で住宅ローンを組んでいた場合、金利の上昇に伴い支払い額が増加する。ローンの支払いが困難になり、物件を売却する動きが出るかもしれない。ここ数年の大都市におけるマンションの高値はバブルであったが、そのバブルが崩壊する可能性もある。

しかし、すでに述べたように、日銀がＹＣＣをいまのままの形で続けたとしても、実態の金利は上昇する（あるいは、すでに上昇している）。だから、住宅ローン提供者の資金調達コストは上昇する。したがって、住宅ローンの金利を引き上げざるをえなくなるのだ。

為替レートが円高に転換する

日本で金利が上昇し、アメリカの金利引き上げがこれまでより減速すれば、為替レートにも大きな影響がある。

この動きは、すでに２０２２年12月初めの時点で生じた。ドル円レートは、10月22日には一時１ドル＝１５２円に近づいたが、12月になってからは、１３５円程度になった。

これは日本の輸入物価の上昇率を引き下げる。原油をはじめとする資源価格の低下が期待されるので、輸入物価上昇率はさらに下がる可能性がある。そうなれば、消費者物価の上昇は、ピークアウトする。

これは、消費者の立場からは望ましいことだ。しかし、製造業の大企業は円安によって利益をあげているので、円高の進行には反対するだろう。

国債発行コストは上昇したほうがよい

もう一つの問題は、財政資金のコストだ。長期金利が上昇すれば、国債発行による財政資金調達が困難になる。とくに、防衛費拡大の財源と長期金利引き上げがどのように関わるかが問題だ（これについては、第9章の5で再述する）。しかし、財政規律を引き締めるという意味で、長期金利上昇は望ましいことだと私は考える。

また、資金調達コスト上昇を避けるためにイールドカーブ・コントロールをそのまま続けても、問題が解決されるわけではない。

10年国債で資金調達をしようとしても、消化が難しくなる。したがって、より長期の国債による資金調達を行なわざるをえなくなるだろう。しかし、長期債の利回りはすでに11月末の時点で、15年債が0・827％、20年債が1・133％になっていた。したがって、イールドカーブ・コントロールを続けても、資金コスト上昇は避けられない。

結局のところ、金利引き上げは避けて通れない課題となったのだ。

金利はさまざまな経済活動に大きな影響を与える最も基本的な経済変数だから、その引き上げは日本経済に極めて大きな影響を与える。この問題は第9章の3、4で再述する。

3――市場の圧力に屈した日銀

2022年12月20日、日銀が政策転換

２０２２年12月20日、日銀は長期金利の上限を引き上げた。これは、利上げでもないし、金融緩和からの出口の始まりでもないと黒田日銀総裁（当時）が説明した。

しかし、マーケットは、この決定にただちに反応し、金利、為替レート、株価が大きく変動した。これは、20日の決定が金融政策の転換であり、「低金利時代の終焉」と捉えられたことを意味している。

決定の影響は、日本国内だけでなく、世界に及んだ。米英独などの国債利回りが、日銀の決定を受けて０・１％以上高くなったのだ。

これは、企業の業績やさまざまな経済活動に大きな影響を与える。

ところで、前記の日銀決定は、日銀が自ら望んで行なったものではない。市場の圧力に追

い詰められて、行なわざるをえなかったものだ。

では、どのような経緯で日銀は右記の決定に追い込まれたのか？　それについて、以下に説明しよう。

矛盾した政策が投機の対象となった

2022年3月以降、FRB（米連邦準備制度理事会）が金利を引き上げ、世界各国の中央銀行もそれに追随した。ところが、日本銀行はそれまでの金融緩和政策をかたくなに続け、金利を抑制し続けた。その結果、さまざまな歪みが生じた。

何より大きな問題は、日米の金利差が拡大した結果、急激な円安が進み、輸入物価が高騰して、国内の物価が上昇したことだ。

これに対処するため、政府はガソリン価格や電気料金の凍結等の物価対策を行なった。しかし、物価高騰の原因を日銀が作り、政府が火消しに回るというのは、全く矛盾した事態だ。

矛盾した政策は、投機の対象となる。事実、そのような投機が生じた。

海外のヘッジファンドが、日銀の金利抑制策が近い将来に変更されるだろうとの見通しの下で、投機を仕掛けた。これは、日本国債のショートポジション（先物売り）を取るという戦略だ。

見通しどおりに日銀が金利抑制策を解除して金利が上昇すれば、この取引は利益をあげられる（このメカニズムは若干複雑だ。詳しい説明は、本章の6で述べる）。

2022年6月には海外ヘッジファンドによるこのような取引が急増し、日本の国債市場で取引が一時停止になるなどの混乱が生じた。

ただしこのときには、日銀が巨額の国債を市場で購入して防戦し、結局のところ、長期金利の上限は維持された。ヘッジファンドは敗退した。そして、「中央銀行に勝てるはずはない」との見方が広がった。

ところが12月20日の決定で長期金利が上昇したため、ヘッジファンドの勝ちとなった。投機を仕掛けていたファンドは、巨額の利益を手にしたはずだ。

投機が巨大中央銀行を屈服させたのは、1992年にイングランド銀行をポンド切り下げに追い込んだジョージ・ソロス氏の例以来の歴史的な事件だ、との見方もある。

日銀と同じようなコントロールを行なっていたオーストラリア準備銀行（中央銀行）は2021年11月に、スイス中銀は2022年6月に、市場の圧力によって、金融緩和策の修正に追い込まれている。同じことが日本でも起こったのだ。

投機ではなく、市場が日銀を屈服させた

２０２２年12月の日銀の決定によって、日本国債のショートポジションをとっていたヘッジファンドは巨額の利益を手に入れた。

しかし、日銀の政策変更が、ヘッジファンドの投機圧力だけによるものとは考えられない。

事実、前述のように、6月には日銀はヘッジファンドの攻勢に対して国債購入で立ち向かい、これを敗退させているのだ。

この戦いは、投入できる資金額の規模で決まる。これに関して中央銀行が圧倒的な有利性を持っていることは間違いない。

日銀が民間銀行から国債を購入するのは、銀行が日銀に持っている当座預金を増やすことによって行なわれる（しばしば、「日銀は紙幣を刷って国債を購入する」と説明されるが、この説明は誤りだ）。だから、事実上、いくらでも購入できる。

２０２２年における日銀の国債買い上げ額は、１００兆円を超える。いかに巨大ファンド

といえども、これだけの資金を簡単に調達するのは不可能だろう。

だから、資金額で中央銀行（とくに、日銀のような巨大な中央銀行）に対抗することはできない。

しかし、それは、中央銀行が何でもできるということではない。

中央銀行の行動が経済合理性を欠くものであれば、それはマーケットにさまざまな歪みを作り出すのである。それが本章の1、2で述べた国債マーケットの機能喪失に他ならない。

いかなる権力者も、市場の判断に逆らえない

以上で述べたことは、財政資金との関係で極めて重要な意味を持っている。いまの日本では、防衛費の増額を国債で賄ってよいかどうかが問題になっている。

日本の総理大臣経験者には、「日銀は政府の子会社だ」と言った人がいる。その人は、「防衛費増額は国債で賄えばいい」と簡単に言った。

しかし、マーケットがそれを日本経済にとって望ましくないと判断すれば、市場金利が上昇して資金調達コストが上昇し、そうした財政支出は抑制される。

日本の政治システムには極めて問題が多いが、金融のシステムは、最終的には不合理な政

策に対してノーをつきつけることができる。だから、いかなる権力者も好き勝手なことはできない。

それが証明されたという意味で、12月20日の決定は極めて重要な意味を持っていた。

ただし、このことは、無条件で成り立つわけではない。仮に財政法第５条で禁じられている国債の日銀引き受けが許されると、以上のメカニズムは働かない。したがって、財政法第５条を堅持することは、極めて重要な意味を持っている。

２０２２年12月１日に、発行された10年国債の半分以上がその日のうちに日銀に買い上げられた。このニュースはさして注目されなかったのだが、大変重要なものだ。このような行為は、財政法第５条の脱法行為と考えざるをえない。

幸いにして、このような事態は、12月１日だけで済んだ。そして、事態は、第５条脱法という誤った方向ではなく、長期金利の引き上げという正しい方向に向かいつつある。

財政支出を市場の判断にさらすというメカニズムを維持することは、財政支出の無制限な膨張を防ぐために、本質的な意味を持っている。

4――資金市場の歪みがますます深刻に

市場金利が日銀の設定した上限を超えるという異常事態

２０２２年12月に日本銀行が10年債の利回り上限を引き上げたのは、債券市場の歪みを修正するためだと説明された。

ところが、この措置にもかかわらず、債券市場での問題は解決されなかった。一部では、むしろ悪化する側面もあった。そこで、日銀が、長期金利の上限を再び引き上げるかどうかに、注目が集まっていた。

ところが、２０２３年１月18日の金融政策決定会合で、日銀は長期金利の上限を据え置いた。この決定は、以下に述べる市場状況との関係で、大きな問題を含むものだった。

これに先立って、国債市場で異常な事態が発生していた。長期金利の指標となる10年国債の利回りが、１月13日に０・５％の上限を突破して、０・５４５％にまで上昇してしまったのだ。なぜこのようなことが起きたのだろうか？

これを考える際、金利の逆数である国債価格を指標にして考えるほうが分かりやすい。右記のことは、日銀が決めている国債価格の下限よりも、市場価格が安くなってしまったということだ。

これがなぜ不思議かといえば、日銀は、０・５％に対応する価格で、10年国債を購入しているからだ。

その価格（あるいは、それより安い価格）で買う人がいるのは、当然だ。しかし、それより安い価格で売る人がなぜいたのか？　日銀に売れば、より高い価格で売れるにもかかわらず、なぜ、わざわざ安い価格で売ったのか？

金利上昇見込みが非常に強い

その理由は、日銀に売却できない国債保有者がいるからだろう。保有し続ければ、将来価格が下がってしまう危険がある。そこで、損失覚悟で手放すのだ。安い価格で買う人はいるから、このような価格での売買が成立したということだ。

では、日銀に売却できない国債保有者とは誰か？　日銀の公開市場操作の対象は、金融機関や証券会社だから、これに含まれない国債保有者は、日銀に売ることはできない。そうした保有者の中に、どうしても国債を売らなければならない人がいたのかもしれない。

あるいは、投機的な攻撃ではないかとの観測もある。

また、日銀の公開市場操作の対象であっても、売れない場合があるとの指摘もある。それは、「国債補完供給（ＳＬＦ）」を利用する証券会社などだ。ＳＬＦとは、市場の流動性を維持するため、日銀が国債を貸し出す制度だ。マーケットメイキングの機能を担う債券ディーラーが、この制度で国債を借りる。

日銀が行なう公開市場操作で、ＳＬＦの利用を前提とした応札はできないこととされている。こうした制約があるため、日銀が決めた価格より安い価格で市場で売却せざるをえなくなったのかもしれない。

いずれにせよ、このような取引が成立したことは、国債価格が将来下がる（金利が上がる）という見通しが非常に強くなっていたことを意味する。

上限値が０・25％のときにも、市場利回りが日銀の設定した値を上回ったことがあったのだが、前記の事態は上限値を０・５％に引き上げた後のことなので、より深刻だ。

イールドカーブの歪みも残った

より基本的な問題は、イールドカーブの歪みが解消されずに残っており、そのため、以下で見るように、起債市場での資金調達に支障が生じていたことだ。

黒田前総裁は、２０２２年12月20日の長期金利上限引き上げの目的を、資金調達市場での問題を解決するためとしたが、その目的は、達成されていなかったことになる。

変動幅が０・５％に拡大されて以降も、イールドカーブの歪みは解消されなかった。日銀がコントロールしているのは10年債だけなので、金利上昇を見込むトレーダーは、８年債や９年債を売って、その利回りを押し上げた。このため、８年債、９年債の利回りが10年債の利回りを大きく上回った。残存９年程度の10年債は一時０・６％台で取引されていた。これは、全く不合理なことだ。

地方債や社債の発行に支障

金利体系が歪んでいるため、資金調達市場の問題は、12月20日の上限引き上げにもかかわらず、依然として残った。

それはまず、地方債のスプレッド（国債に対する上乗せ金利）が低下しないことに表れた。

岡山市が1月12日に発行条件を決めた10年の地方債の利率は0・8％だった。10年国債利回りとのスプレッドは0・27％だった。２０２２年12月に京都市や名古屋市などが発行した10年債のスプレッドは0・29％だったので、0・02％しか縮小しなかったことになる。

これは、岡山市の信用度が低いからではない。地方債の発行条件は、原則として自治体間で横並びにされている。だから、これは、基準となっている国債の利回りが、投資家が要求する水準に比べて低すぎたことを意味している。

12月の決定で、10年国債の利回りを0・25％引き上げたのだから、本来はスプレッドが0・02％になってもよいはずだ。そうならなかったのは、投資家が0・52％の金利を要求していたことを意味する。

こうしたことを反映して、社債の発行条件も決めにくくなった。予定していた起債を延期した企業もあった。

起債市場での問題は、一向に解決されなかったのだ。

5——貿易赤字拡大と金融緩和との深くて重大な関係

日本の国債市場は鎖国的市場

日本銀行が２０２３年1月18日に金融緩和を継続する決定を行なったつぎの日に、２０２2年の日本の貿易赤字が約20兆円という記録的な値になったニュースが伝えられた。

これらは一見して無関係なニュースだ。しかし、実は深い関係がある。

どちらも、日本の国債市場を国際化しなければならないことを意味しているのだ。

いまの日本では、発行された国債のほとんどは、国内消化される。だから、国債市場も、国内投資家を相手にしたものになっている。日銀の政策もそれを前提にしたものだ。

しかし、これは日本が債権大国であって、海外からの投資家に依存せずに済むから可能になることだ。

ところが、貿易赤字の拡大は、そうした状況をいつまでも続けられるとは限らないことを示唆している。

日銀が導入した奇妙な政策

日銀が1月18日に長期金利上限を据え置いたとき、同時に奇妙な措置を取った。銀行に低利の特別融資をして、国債購入を容易にする措置を拡充したのだ。そうすれば、国債の値下がりを防げる、つまり、金利の上昇を防げる。

この仕組み自体はこれまでもあったが、貸出条件を緩めた。これは、金融機関に補助金を与えて、国債を購入させるようなものである。

しかし、これによって金利が抑えられるといっても、それは表面上のことだ。銀行は買うかもしれないが、融資を受けられない一般の投資家が買うだろうか?

これは、投資家のための措置ではない。金利を見かけ上、低くするだけの措置だ。

こんな奇妙な政策がまかり通るのは、日本の国債市場が国内投資家だけを相手にする鎖国的なものであるからだ。

しかし、こうした状態を、今後いつまでも続けるわけにはいかない。将来は、日本国債を円滑に発行するために、海外からの投資に頼らざるをえない事態になるかもしれない。つまり、日本国債の市場を、国際化しなければならない。

以下に述べるように、貿易赤字拡大のニュースは、そうした可能性を示唆しているのだ。

経常収支が赤字になる可能性

日本の貿易収支は、１９９６年以降２００７年までは、ほぼ毎年10兆円を超える黒字を続けていた。しかし２００８年から黒字が減少し、２０１１年から２０１５年にかけては赤字になった。２０１４年に、赤字が約10兆円になった。２０１６年以降は、２０２１年まで黒字を続けた。こうした経緯を考えると、２０２２年に20兆円の赤字になったのは、日本の貿易構造が大きく変化していることを示している。

これは、重要な意味を持っている。それは経常収支がゼロあるいは赤字になる可能性を示唆するからだ。

日本の第一次所得収支は、およそ20兆円程度だ（21年には円安の影響で26・５兆円に膨らんだ）。サービス収支は３兆円程度の赤字だ。

以上で述べたものの合計である経常収支は、２０００年以降、10兆円から20兆円程度だった。前述のように貿易収支が減少したため、経常収支は２００８年から10兆円程度となり、

12年から14年までは5兆円未満にまで減少した。

しかし、2015年からは10兆円台を回復し、さらに20兆円近い値となった。

2022年の経常収支は、11兆4432億円の黒字だった。ただし、黒字額は2021年に比べ10兆1478億円減少した。

日本の輸出の世界におけるシェアは確実に下がっている。輸出額も、ドル建てで見ると増えているとは言えない。つまり、日本の輸出は、傾向的に減少過程にある。

だから、将来、再び原油価格が高騰すると、貿易赤字が拡大する。貿易赤字が15〜20兆円を超えると、年間を通じての経常収支が赤字になる可能性がある。これは重大なことだ。

日本は、成熟債権国から債権取崩し国になるか?

「国際収支の発展段階説」という考えがある。一国の経済が成長し、成熟するにしたがって、国際収支のパタンが変化するという考えだ。1950年代に経済学者のチャールズ・キンドルバーガーなどによって提唱された。

現在の日本は、第5段階である「成熟した債権国」にあると考えられる。貿易・サービス収支は赤字だが、所得収支の黒字が大きいため、経常収支が黒字になるというパタンだ。

ところが、「国際収支の発展段階説」によると、ここからつぎの段階に進むと、「債権取り崩し国」になる。

これは、海外からの投資で資金不足を補う段階だ。対外資産を取り崩したり、外国からの投資を受け入れる必要がある。

そうなれば、これまでのような国内投資家だけを前提とした鎖国的国債市場とは異質の、世界的基準に合った市場が必要とされる。その市場に対して要求される最も重要な条件は、長期金利が市場のメカニズムによって決定されることだ。現在、日銀が行なっているイールドカーブ・コントロールのような恣意的な金利コントロールは、行なえなくなる。

鎖国的な国債市場を放置することこそ問題

債権取り崩し国への移行が望ましいのかどうか、それをいつまでも続けられるのか、などについては、議論の余地があるだろう。

しかし、輸出の傾向的な減少が続く限り、それは避けられないものだ。

ただし、日本が保有する対外純資産が極めて巨額（2021年末で411兆円）であることから、かなりの期間にわたって継続できる。鎖国的な国債市場が改善されるなら、国債の海外依存は、必ずしも悪いことではない。

危険なのは、債権取り崩し国への移行がありうるにもかかわらず、それに対して何の対処もなされずに、鎖国的な国債市場が温存されてしまうことだ。

貿易赤字拡大は、日本が新しい方向に舵を切る契機になるだろうか？

6――海外ファンドが得る投機利益は誰が負担するのか？

日本の国債市場混乱の背景に、海外ファンドの国債売り投機

２０２２年に国債市場での歪みが広がり、債券市場での資金調達に支障が生じた背景には、金利上昇を見込む海外ヘッジファンドなどによる投機的な取引がある。

まず、２０２２年6月に投機攻撃があり、日本の国債市場が混乱した。このとき日銀は金利上限を守り抜いたが、結局のところ、２０２２年12月に上限引き上げに追い込まれた。12月の政策変更によって、海外ファンドは巨額の利益を得たと考えられる。２０２３年1月には政策変更がなかったので、ファンドが利益をあげることにはならなかった。

ただ、これで戦いが終わりになったわけではない。今後もこうした投機が行なわれる可能性はある。日本の資金調達市場は、大きな問題を抱え続けているのだ。

なぜこうした投機が起きるのか？　日銀が金利抑制策を続けるからだ。そのために大量の

国債を日銀が購入し続けるのは、日本のためになることか？
以下では、こうした問題を考えることとしたい。

海外ファンドの日本国債投機

国債の価格が将来下がる（金利が上がる）と予想されれば、国債を売ることによって利益をあげようとする取引が増える。

国債をすでに持っている人がそれを売却するだけではない。保有していない国債を売ることもできる。これは、「空売り《からう》り」という行為だ。

空売りとは、現時点において国債を借り、それを売却することだ。借りていた国債は、将来時点において返却する（正確に言うと、借りた額に、利子を加えただけの価値の国債を購入して返す）。

いま国債を売れば、いまの高い価格で売れる。将来時点では、借りていた国債を返すために、将来の価格で国債を買わなければならないが、その価格は、いまより安くなっている可能性が高い。目論見どおりに国債価格が値下がりすれば、利益が得られる。

実際には、このような取引ではなく、国債の先物売りの契約をする。これは、将来のある時点において国債を売ることを、現時点において約束することだ。

これでなぜ利益を得られるのか？

それを理解するには、先物取引がどういうものかを理解する必要がある。

先物価格とは、将来時点で国債を売買する価格だ。それをいま決める。

ところで、現物価格と先物価格の間には、「現在の現物価格に（1＋金利）を掛けたものが先物価格になる」（言い換えれば「現在の価格は、先物価格の割引現在価値」）という関係が必ず成立している。これを「裁定条件」と言う（なお、実際には決済までの日数も関係する）。

なぜか？　この関係が成り立たないと、裁定取引が生じて、必ず利益が得られるからだ。先物価格が右記の水準より高ければ、現時点で借金して国債を買い、先物売りする。将来時点で、売りを実行して借金を返せば、将来の国債の価格がどうなろうと、必ず利益をあげられる。逆なら、先物買いで利益をあげられる。だから、マーケットが均衡するためには、必ず裁定条件が成り立っていなければならない。

つまり、先物価格とは、将来成立するであろう現物価格の予想値ではない。現在の価格と金利によって、自動的に計算される値だ。

ところで、海外のヘッジファンドは、いま成立している国債の先物価格よりも、将来の時点における現物価格が安くなるだろうと予想している。つまり、いまの先物価格は高すぎると判断しているのだ。そこで、先物売りする。予想が的中すれば、将来時点において、国債を現物価格で買って、それよりも高い先物価格で先物取引を精算することになる。だから、利益が得られる。

こうした取引を契約することを、「ショートポジションを取る」という。

海外のファンドは、「国債価格が将来、いまより下落する」（金利がいまより上昇する）という予想の下で、日本国債のショートポジションを取ったのだ。

日銀は大量の国債購入に追い込まれる

ヘッジファンドのショートポジションの増加は、10年物国債に対する売り圧力を強める。これにより、金利を押し上げる力が働く。

その理由はつぎのとおりだ。ショートポジションが増えると、国債の先物価格が下落する。裁定条件を通じて、これは現在の現物価格を下落させる。

つまり、近い将来に国債価格が下がるという予想があると、国債の先物売りが増え、それが将来の先物価格を下げ、そして裁定条件を通じて、現在の国債の価格を下げる。つまり、金利を押し上げる力が働くのである。

これに対して、日銀は10年国債を無制限に買い入れる措置をとった。この結果、日銀の国債購入額が異常に増加した。

２０２３年１月13日には、５兆83億円の国債を購入した。１日の購入額として２日連続で過去最大を更新し、２０２２年の１日の買い上げ額の平均の５倍に達した。

このように巨額の国債を購入したため、市場で取引できる国債が枯渇してしまった。これに対処するため、日銀は国債を証券会社などに貸し出すことを行なっている。一方で購入し他方で貸し出すというのは、何とも奇妙なことだ。

こうした奇妙なことを行なっても、なおかつ国債の売り圧力を吸収できないほど、国債の価格下落の見通し（金利上昇の見通し）が高まったのだ。

日銀保有国債の価値は低下

近い将来において国債の価格が下落する（金利が上昇する）と、どうなるか？

国債のショートポジションを取っていたヘッジファンドは、目論見どおり、巨額の利益を得る。

2022年12月の長期金利上限引き上げで、実際に長期金利が上昇した。そして、ヘッジファンドは巨額の利益を得たと考えられる。

他方で、日銀が購入した国債は値下がりする。それがヘッジファンドの利益になっているのだ。

ただし、日銀が被った損失は、日銀の決算には表れない。なぜなら、日銀は保有国債を基本的には額面で計上しており、市場価格が下がっても影響は受けないからだ（日銀は、2004年から「償却原価法」という方式を採用している。これは、債券を額面より低い価額で取得した場合、その差額を満期までの残存期間で按分《あんぶん》して毎期計上する方式だ）。

日銀は、民間の銀行に対しては、財務健全化の見地から、国債を時価評価するよう求めている。それにもかかわらず、自分自身ではそれを行なっていない。これは奇妙なことだ。

日銀のバランスシートにおいて、負債にある日銀券と日銀当座預金の価値を担保するものとして、資産に国債がある。国債の価値が下がるのだから、日銀券と当座預金の価値も下がるはずだ。

しかし、日銀の経理では、そのような事態は記述されないのである。だから、海外のファンドは利益を得るが、それを誰がどのような形で負担しているのかが、分からない形になってしまっている。

ヘッジファンドが得る利益は、天から降ってくるものではない。それは、日銀が負担するのであり、究極的には、日本国民が負担するものなのだ。

このような事態は、日本国民として許容できるだろうか？

金融の投機は複雑なので、そのメカニズムを理解するのは容易ではない。そのために、問題があっても、無視されてしまう危険がある。しかし、この問題は、決して無視してはならないものであることを指摘したい。

7――金利が上昇すれば、日銀は債務超過に

日銀保有国債が含み損

２０２２年11月28日に発表された日本銀行の４―９月期決算によると、９月末時点の保有国債の簿価は５４５兆５２１１億円で、時価は５４４兆６４６２億円だ。差額の８７４９億円だけ含み損が発生した（図表7-1）。

３月末時点では４兆３７３４億円の含み益だったので、半年間で状況が大きく変わったことになる。

こうなったのは、金利が上昇したためだ。新発10年物国債利回りは、３月末時点では０・22％だった。しかし、９月末には、日銀が上限とする０・25％近くにまで上昇したため、このようなこととなった。

図表7-1　日銀保有国債の簿価と時価

時点	A 簿価（億円）	B 時価（億円）	B-A 評価益（億円）	B/A 額面1円あたり時価（円）	長期金利（％）
2016年3月末	3,491,955	3,644,155	152,200		
2019年3月末	4,483,261	4,590,281	107,020	1.024	-0.094
2022年9月末	5,455,211	5,446,462	-8,749	0.998	0.25

出所：日銀財務諸表等により筆者作成

国債価格下落による巨額の評価損をどうするか？

日銀の雨宮正佳《あまみやまさよし》副総裁（当時）は、2022年12月2日、参院予算委員会で、イールドカーブ全体が上方にシフトした場合の評価損を問われ、1％なら28・6兆円と答えた。

単純計算では、長期金利が12月20日までの上限値0・25％から0・175（＝5÷28・6）ポイント上昇して0・425％になれば、評価損が5兆円を超える。

長期金利は、日銀が上限を0・5％に引き上げて以来、23年3月上旬まではほぼ0・5％だった。したがって、日銀保有国債の評価損は、5兆円を上回ったと考えられる。[注1]

ところで、2022年9月末の日銀の純資

産は約5・0兆円だ。

仮に日銀が国債を時価で計上しているとすれば、国債評価損が5兆円を超えれば、債務超過になる。

ただし、前述のように、日銀は、決算書で国債を簿価で計上している。右で見たのは、評価損であるから、国債を実際に売却しないかぎり、含み損にとどまる。

雨宮前副総裁は、前記の答弁の中で、保有資産の評価損や資産売却による損失が短期的に生じても「金融政策の遂行能力が損なわれることはない」とした。

しかし、日本銀行が国債を償還時まで持ち続けても、金利が上昇すれば、日銀に損失が発生して、日銀は債務超過に陥るのである。これについては次項で説明しよう。

なお、国債の評価損は、日銀だけではなく、民間の金融機関でも発生する。民間金融機関の評価損がどの程度の額になるかは、保有している国債の残存期間等に依存するので、正確な推計は難しいが、日銀の場合とほぼ同額の評価損が発生する可能性がある。

民間金融機関の場合には、国債を時価で計上している。このため、評価損が発生すれば、資産額が減少することになる。

金融機関によっては、債務超過に陥るかもしれない。これをどう処理するかが問題だ。

注1：なお、日銀が今後購入する国債についても将来含み損が発生する可能性があるが、ここでは、対象を日銀が現在保有している国債のみに限定して考察している。

満期まで保有しても、日銀は債務超過になる

中央銀行は、バランスシート上で資産として国債を保有している。通常は、負債は銀行券であって、利子の支払いは必要ない。しかし、現在の日本では、負債として、当座預金が圧倒的に多い。2022年9月末では、銀行券が120兆円、当座預金が493兆円だ。

当座預金は、基礎残高・マクロ加算残高・政策金利残高という3つに区別され、つぎのような付利がなされている。基礎残高には0・1％、マクロ加算残高には0％、政策金利残高には▲0・1％。

金利を引き上げると、当座預金に対する付利の支出が増える。他方で、既発行国債の利子収入は変わらない。したがって、日銀の収支は悪化する。

どの程度の変化が生じるかは、金利がどの程度上昇し、それに応じて付利をどう変えるかによる。仮に3つの階層のすべてについて金利を1ポイント引き上げれば、日銀の収支が年間4・9兆円（＝493兆円×0・01）悪化する。

では、付利の増加は、どの程度の期間続くだろうか？

国債の償還期限が来ると、政府は借換債を発行する。民間の銀行がこれを購入するが、購入資金は、日銀当座預金を取り崩すことによって調達する。

これによって、日銀のバランスシートはつぎのように変化する。まず国債を償還したので、資産にある国債の額が減少する。そして、民間銀行が当座預金を取り崩したので、負債にある当座預金残高が、国債償還額の分だけ減少する。結局のところ、国債償還額に対応するだけ、当座預金の残高が減少し、付利の支払いも減る。

つまり、金利が上がると、当座預金残高×金利上昇分だけ付利支払いが増加するが、それは当座預金に対応する国債が償還されるまで続くわけだ。したがって、付利増加額の合計は、

当座預金残高×金利上昇幅×国債の平均残存期間

ということになる。

ところで、ファイナンス理論によれば、金利が変化した場合の国債の評価額は、つぎの式

で表される。

国債評価の下落額＝国債残高×金利上昇幅×国債の平均残存期間

（正確に言うと、「平均残存期間」ではなく「デュレーション」だが、両者はほぼ同じものと考えてよい）

当座預金残高と国債残高が等しいとすれば、これら2つの式は同じものだ。

つまり、国債評価額の減少と同額だけ、当座預金の付利の支払いが増加することになる。

以上のことは、つぎのように考えても、確かめられる。

先に述べたように、雨宮前副総裁は、「長期金利が1％上昇した場合、日銀が保有する国債の評価損は28・6兆円」と答弁した。２０２２年9月末の長期国債保有額は５４６兆円だった（図表7-1参照）。したがって、右の公式から、平均残存期間は5・24年程度ということになる。

ここで単純化のため、すべての保有国債が、平均残存期間で一挙に償還されるものとしよう。すると、損失増加額の合計は、先に示した4・9兆円の5・24年分、すなわち25・7兆円になる。

日銀は、1ポイントの金利上昇によって生じる評価損は、28・6兆円だと述べた。ここで示したように、国債を満期まで持ち続けても、ほぼ同額の損失増が発生するのである（完全に一致しないのは、長期国債残高と当座預金残高が同額でないため）。

日銀納付金がなくなるので、国民負担が増加

国債の評価損は、付利の支払い増に対応しているのである。両者が等しくなるのは、偶然ではない。その意味で、評価損は、現実の問題を引き起こす。

実際、日銀が債務超過に陥れば、日銀納付金はストップする。2021年度の日銀納付金は、1兆2583億円だった。

防衛費増額など歳出増加のときに、納付金が約3年間ストップすることの影響は、決して無視できない。政府は、これを補填するための財源を探さなければならない。何が選ばれるにせよ、国民負担は増加する。

さらに、日銀への信認が揺らげば、為替レートや金利の急変動などのリスクも高まるだろう。

この問題にどう対処するかが、２０２３年４月に発足する日銀新体制が取り組むべき喫緊の課題だ。

第7章のまとめ

1. 日銀が長期金利の抑制を続けたため、国債の取引が成立しないなどの問題が生じた。
2. さらに、地方債のスプレッドの拡大、イールドカーブの歪み拡大などの問題も生じた。
3. 日銀は、２０２２年12月20日に、市場の圧力に屈して、長期金利の上限を見直した。
4. 日銀は、２０２３年１月18日の金融政策決定会合で、長期金利の上限につき、０・5%に据え置く決定をした。しかし、その一方で、金融機関への特別融資など、正当性に疑問のある措置を取った。
5. 日銀が金利を抑えるために取った措置は、日本の国債市場が鎖国状態にあるからこそ可能な、不合理で奇妙なものだ。他方で、貿易赤字の拡大は、日本が海外からの投資に依存せざるをえない日が来ることを示唆している。

6. 日銀の金利抑制策に対して、海外のファンドが投機を仕掛けている。日銀が金利上限を引き上げると、ファンドは巨額の利益を得る。これは、究極的には日本国民が負担するものだ。金利抑制のためにこうした負担を負うのは、不合理なことではなかろうか?

7. 日銀が保有する国債が含み損になった。含み損はすでに純資産額を超えている可能性がある。金利上昇によって付利が増加すれば、日銀は債務超過に陥る可能性がある。これによる日銀納付金の停止は、国民負担を増加させる。

第8章

日本経済は新しい段階へ

1――日本経済が大きく変化し始めた

金利が動き出した

日本銀行は、2022年12月20日に、長期金利の許容上限を0・5%に引き上げた。

これは金融緩和の出口に向かう政策ではないとされたが、金利をはじめとするさまざまな指標が大きく動き始めた。これは、日銀が2013年4月に開始した大規模金融緩和(通称「異次元緩和」)の出口に向かっての動きの始まりと捉えるべきものだ。では、これによって日本経済はどう変わるか? そして、いかなる方向を目指すべきか?

それまで日銀は、10年債利回りを0・25%に抑え込んでいたが、第7章で見たように、他の年限の利回りが上昇し、10年金利だけが不自然に低い状態になっていた。これが、地方債や社債による資金調達に障害を与えていた。12月の上限引き上げは、これに対処したものだ。

ただし、不自然な金利構造は残った。このため、海外のヘッジファンドが10年物国債を空売りする投機取引も収まらなかった。また、企業が固定金利での借入を増やしたいとの要請が増えた。これも、金利をさらに押し上げる要因になる。

今後も金利をさらに引き上げる圧力が続くだろう。

２０２３年の日本経済の最大の課題は、大きな混乱なしに、これまでの低金利時代から脱却できるかどうかだ。

急激な円の減価は止まった

２０２２年10月22日に一時1ドル＝１５２円近くまで円安が進んだ為替レートは、12月20日の日銀政策変更で、前日の1ドル＝１３５円台後半から、一時１３０円台半ばまでの円高になった。

ただし、２０２３年3月中旬で1ドル＝１３４円程度であり、２０２２年初めの水準には戻っていない（図表5-1参照）。その原因は、日米の金利差が縮まらないことだ。アメリカでは、インフレの高止まりを背景に、金融引き締めが長引くとの観測が根強い。

もう一つの円安要因として、貿易赤字がある。第3章の3で見たように、２０２２年の貿易赤字は約20兆円となった。貿易赤字になれば、円を売って外貨を買う必要がある。金融取引に比べれば額は少ないが、金融取引とは違って、恒常的な円安圧力となる。

ＯＥＣＤが計算している購買力平価は、２０２1年で1ドル＝１００・４円だが、この水準に戻せるかどうか、大いに疑問だ。戻せないとすると、日本の国際的な地位は回復しない。

働く場所としての日本の地位は低下したままだ。人材が日本に来なくなり、日本の人材が外国に流れる。

2——さらば低金利時代

マイナス金利時代は終わった——ただし日本を除いて

図表８-１に、世界主要国の２００７年以降の長期金利（10年国債の利回り）の推移を示す（ＯＥＣＤのデータによる）。

米英など世界各国で、２０１９年から金利が急低下した。２０２０年にはコロナ対応で、1％以下にまで低下した。ところが、21年から反転上昇し、とくに22年には顕著に上昇した。22年の急上昇は、インフレに対抗するため、各国の中央銀行が政策金利である短期金利を引き上げたからだ。その結果、イールドカーブを通じて長期金利も上昇した。

ドイツでは、２０１９年から長期金利がマイナスになったが、22年に急上昇して、マイナス金利から脱却した。

日本の長期金利は、２０１６年から、ゼロないしマイナスの水準に低下した。その後プラ

図表8-1　主要国の長期金利の推移（単位:%）

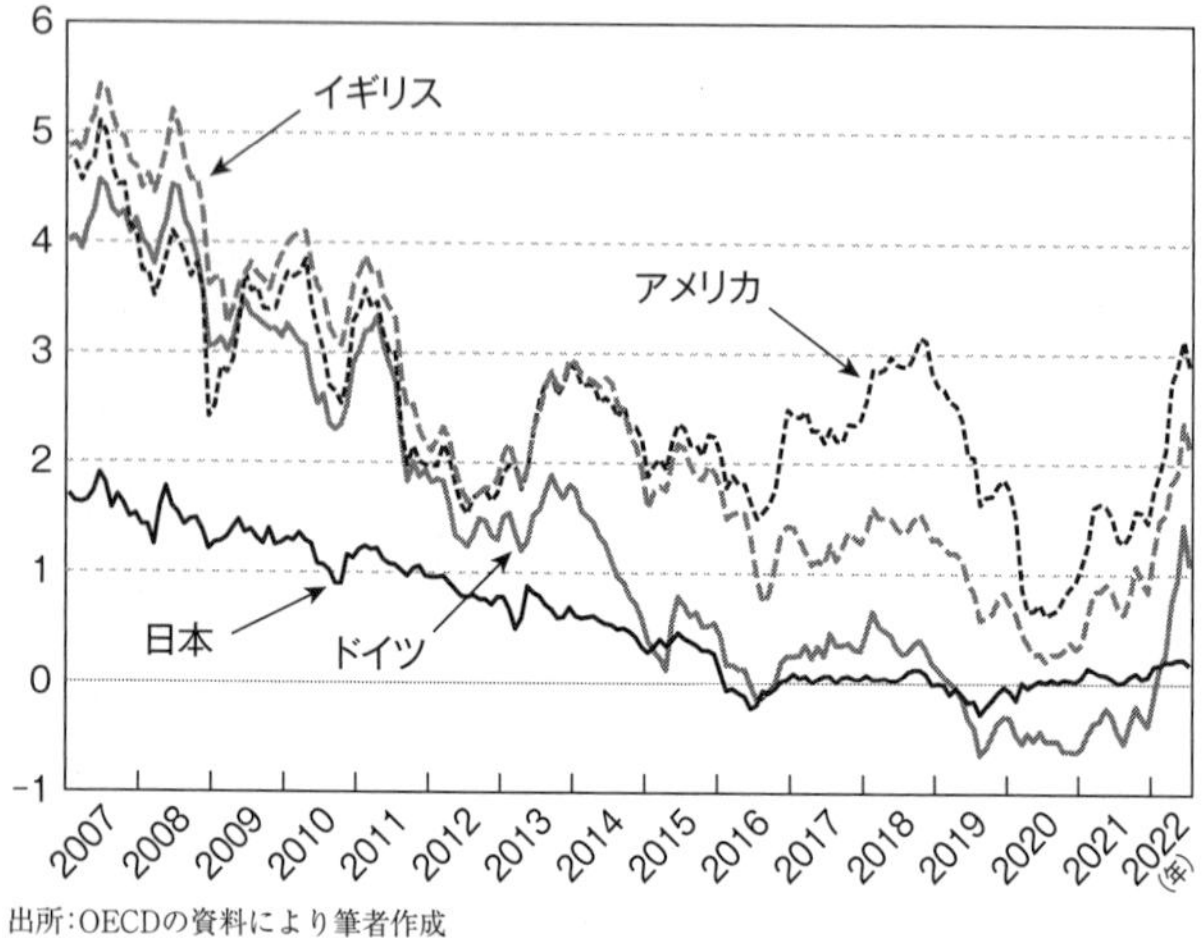

出所:OECDの資料により筆者作成

スになったが、他国に比べると大幅に低い。

　このため、他国（とくにアメリカ）との間の金利差が拡大し、２０２２年に急激な円安が進んだのだ（為替レートは2年国債の利回りとの相関が強いと言われるが、10年国債の金利との間でも相関がある）。

実質金利もマイナスから脱出

　以上で見たのは名目金利だが、経済活動に与える影響を考えるには、実質金利を見る必要がある。これは、名目金利から期待インフレ率を引いたものだ。

　実際には、物価連動債の流通利回りが実質金利を表していると見なす。そして、これを固定利付債の流通利回りから引いた値を計算

図表8-2 アメリカ実質長期金利の推移 (%)

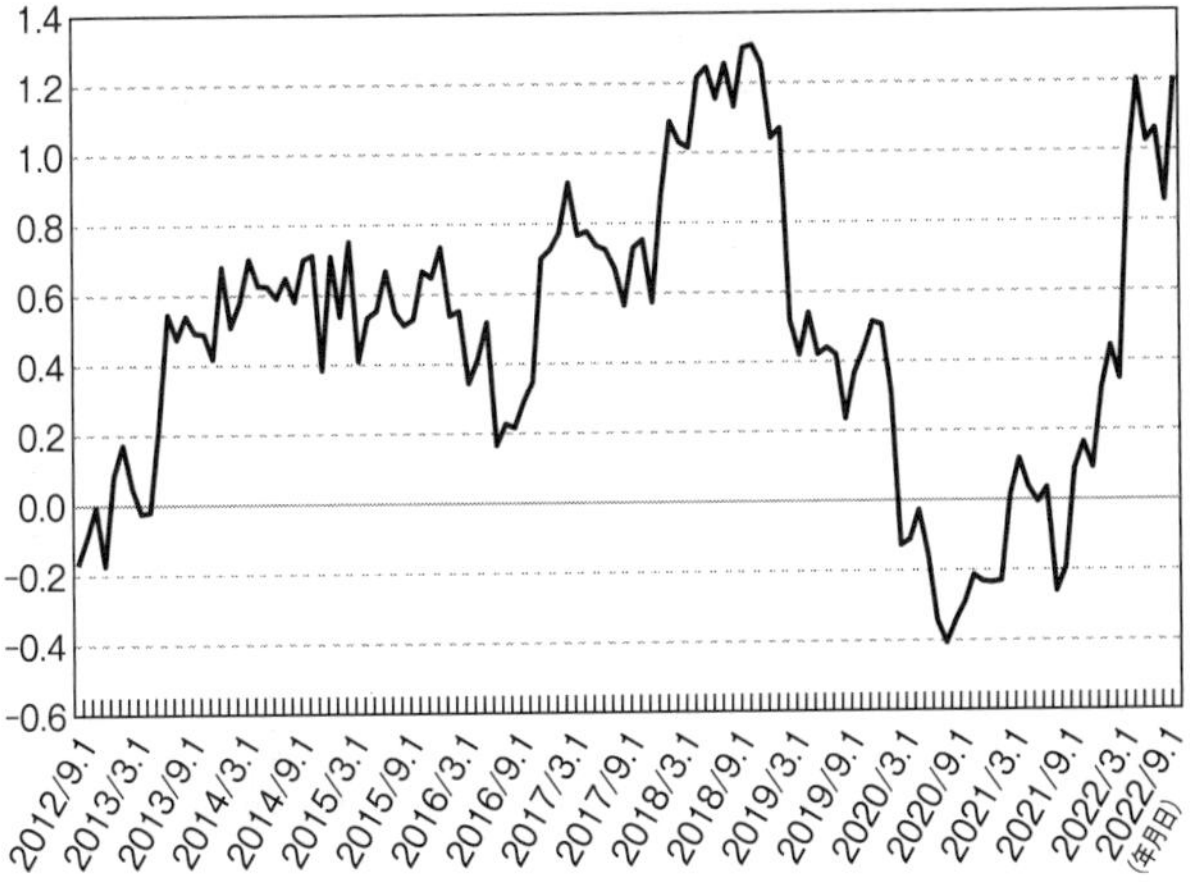

出所：セントルイス連銀のデータにより筆者作成

する。これは、ＢＥＩ（Break Even Inflation rate）と呼ばれ、それがマーケットが予測する物価上昇率だとされる。これは、現時点における短期的な期待インフレ率ではなく、10年債の場合には、10年間にわたる期待インフレ率だ。

図表８-１で見たように名目長期金利が上昇したので、10年間の期待インフレ率がそれ以上に上昇しない限り、長期の実質金利は上昇する。

図表８-２は、セントルイス連銀が計算しているアメリカの長期実質金利だ。２０１８年には１％を超えていたアメリカの実質長期金利は、２０１９年３月から急速に低下し、０・４〜０・５％程度になった。そして、２

020年3月に再び急速に低下してマイナスになった。21年にもマイナスの期間が多かった。ところが、22年に急上昇して、マイナス圏から脱却した。

日本では名目金利抑制のため、実質金利がいまだにマイナス

日本では、日本相互証券提供の金利情報を基に、財務省がBEIの推計を行なっている。日本相互証券のデータによると、長期実質金利（10年物価連動債流通利回り）は、2019年には▲0・3％前後だったが、20年には0％程度となった。しかし、それ以降は急速に下落し、2022年8月末では▲0・787％となった。

右に見たように、アメリカでは22年に実質長期金利が上昇したので、日本の動きは、それとちょうど正反対だった。

長期金利が1％になるか？

では、日銀が長期金利の抑制策をやめれば、長期金利はどの程度にまで上昇するだろうか？

2013年初め頃の長期金利は、日本が0・7％程度で、アメリカが2・0％程度だっ

た。２０２２年12月で、アメリカの長期金利は３・８％程度だ。仮に日米金利の比率が13年と変わらないとすれば、日本の長期金利の水準は、１・３％程度ということになる。

もちろんこれは、大雑把な目安にすぎない。現在のアメリカの長期金利の水準は長期的な傾向に比べて高いので、今後インフレが収まれば、低下する可能性が高い。しかし、日本のいまの水準が低すぎることは、間違いないと思われる。

長期金利の動向は、為替レートなど、さまざまな変数に大きな影響を与える。金利がさらに上昇すれば、住宅ローン金利の上昇や、企業の金利支払いなどの問題が生じるだろう。

住宅ローン金利が上がる

大手銀行は、２０２３年１月から住宅ローンの固定金利を引き上げた。日銀が短期金利も引き上げれば、変動金利も上がる。

日銀の資金循環統計によれば、家計の住宅ローンの融資残高の対前年増加額は、２０１５年までは、６兆円程度でほとんど変わらなかった。ところが、マイナス金利が導入された２０１６年から急速に増加し、最近時点では12・８兆円程度となっている。残高は、16年始めの１６５兆円から、２０２２年９月末の２００・７兆円まで、35・７兆円増えた。

固定金利が上がると、住宅ローンの需要は減少する可能性がある。また変動金利が上がれば、変動金利での借入の金利負担は増加する。

金利上昇によって、国債による財政資金調達も困難になる。財務省の「令和4年度予算の後年度歳出・歳入への影響試算」によると、金利が1％上昇した場合、3年後の国債費は3・7兆円増加する。

また、株価にもマイナスの影響がある。

ゾンビ企業が破綻する

企業が資金調達する際の金利も上昇する可能性がある。これは、とりわけゾンビ企業に大きな影響を与えるだろう。「ゾンビ企業」とは、借入金の利払いに必要な利益を生み出していない企業だ。これまでの低金利時代に生き延びてきたゾンビ企業は、金利が上昇すれば苦境に立たされる。

「ゼロゼロ融資」の後遺症もある。これは、実質無利子・無担保融資のことで、コロナ禍で売上高が減少した企業を支援するため、政府主導で2020年3月から始まった。民間と政府系金融機関から、22年9月末までに43兆円の融資を行なった。新規融資は2022年9月末申し込み分までで終了し、２０２３年から返済が開始される。

融資を受けた企業の倒産がすでに増え始めていたが、金利が上昇すれば、短期融資を受けにくくなり、倒産が増加する可能性がある。

帝国データバンクによれば、ゾンビ企業の現状はつぎのとおりだ。

1. ２０２１年度でのゾンビ企業は、約18万８０００社。19年度と比べると約３割増。ゾンビ企業率は12・９％。
2. ゾンビ企業の売上高経常利益率は、▲４・94％に悪化。
3. ゾンビ企業の中で、コロナ関連融資を「現在借りている・借りた」企業は約76・３％。返済を不安視する企業が20・５％。
4. 業種別のゾンビ企業率は「小売」が19・５％と、もっとも高い。従業員数別では20人以下のゾンビ企業率が全体の12・９％。

3――物価高騰はいずれ収まるが、基本問題は未解決

輸入物価の対前年比が大きく低下

２０２２年11月になって、それまでの1年近く続いた輸入物価指数の傾向からの大きな変化が見られた。

円ベースの輸入物価の対前年伸び率が、28・０%と、10月の42・３%に比べて大きく低下したのだ。契約通貨ベースでの伸び率は、10月の16・５%から、11月には８・４%となった。

これは、資源価格の高騰が収まりつつあるからだ。原油価格（ＷＴＩスポット）は、２０２２年6月の１バレル＝１１０ドル台をピークに下落を続け、11月には80ドル台になった。

こうしたことによって、契約通貨ベース輸入物価指数の水準は、２０２２年5月頃からあまり上昇しなくなり、10、11月には前月より低下した。

円ベースの輸入物価指数は、９月、10月にはあまり大きく変化していない。11月には、水準で見ると前月より若干低下した。契約通貨ベースの指数がほぼ横ばいであることに加えて、為替レートがやや円高に動いたからだ。

この指数が上昇し始めたのが２０２１年の秋からであったために、対前年伸び率で見ると、それまでは40％台であったものが、11月に大きく低下したのだ。

ただし、為替レートは２０２２年3月頃から急速に円安になったので、円ベースの輸入物価指数の対前年比は、前述のように、契約通貨ベースの伸び率より高い値だ。つまり、輸入物価高騰の大部分が、円安に起因するものになった。

多くの人は、物価高騰は、ウクライナ戦争による資源価格の高騰など、海外の事情によるものだと考えている。確かに、２０２２年の夏前には、そのような状況だった。しかしそれ以降は、状況は大きく異なるものとなった。

輸入物価は、今後どのように推移するか

契約通貨ベースの輸入物価も為替レートも、さまざまな要因に影響されるので、今後を予測することは、きわめて難しい。

今後、原油をはじめとする資源価格は、さらに下落する可能性が高い。アメリカの金利引き上げによって世界経済が減速するからだ。しかし、ウクライナ戦争の推移などによって、再び高騰する可能性も否定できない。

為替レートはどうか？　アメリカの金利引き上げが減速するとの予想から、2022年10月頃までの急速な円安は止まり、さらに、若干円高になった。しかし、2021年のレートに比べて大幅に円安である状況は残っている。

以上のような問題があることに留意しつつ、ここでは、契約通貨ベースの輸入物価指数の水準が、2022年11月と同じであると仮定する。さらに、為替レートも、11月から変わらないとしよう。すると、円ベースの輸入物価指数の水準も、11月と同じになる。その理由は、つぎのとおりだ。

契約通貨ベースと円ベースの輸入物価指数の比率の動向は、名目実効為替レートのそれと同じであるはずだ。そして、日本の輸入はドル建てのものが多いので、それは、円ドルレートとほぼ同じであるはずだ。

実際、契約通貨ベースと円ベースの輸入物価指数の比の推移を見ると、円ドルレートとほぼ同じ動きを示している。つまり、円高期の2010年頃に低い値であったものが、201

３年からの円安で値が大きくなり、さらに２０２２年に急上昇している。

２０２３年の夏前に、物価高騰が収まる可能性

以上の仮定のもとで輸入物価指数の対前年同月比を計算すると、つぎのようになる。

契約通貨ベースの輸入物価指数の上昇が始まったのは、２０２１年10月頃だったので、今後、現在の水準が続くとすると、対前年伸び率は低下する。そして、２０２３年の４月から５月頃に、対前年伸び率がゼロになる。

日本の消費者物価指数のこれまでの推移を見ると、数カ月の遅れで輸入物価の動きをフォローしている。したがって、２０２３年の夏前には、消費者物価指数の対前年伸び率がゼロになるだろう。

基本的な問題は、未解決のまま残っている

円安の進行と物価上昇が止まれば、日本経済の問題は解消したと言えるだろうか？

そんなことはない。

以上で見たのは、状況の悪化が止まったということにすぎず、水準そのものは、悪化した

ままだからだ。不満足な状況が続いていることに変わりはない。

まず、為替レートの水準は、従来に比べれば著しく円安の水準にとどまっており、したがって、日本のさまざまな数字が諸外国に比べて低い状態はそのままだ。

実質実効為替レートで見れば、１９７０年代の初め頃の水準であり、１９９５年頃と比べると半分程度の水準でしかない。２０１０年と比べても６割未満だ。この状態は、決して満足できるものではない。

そして、現実には、何らかの理由によって、さらに円安になる可能性も否定できない。実際、日米間の金利差は、拡大傾向が止まったというだけであり、水準で見れば、依然として大きな差がある。したがって、円安が進むことはありうる。

輸入物価や消費者物価は、高い水準にとどまったままだ。実質賃金は低下しているし、預金は日減りしている。

また、日本の現在の金利があるべき水準に比べて低すぎる状態もそのままだ。したがって、国債市場が機能を喪失しているという問題も解決されていない。

金融緩和政策の根本的な見直しは、物価高騰が収まったとしても、なおかつ日本経済にとって極めて重大な課題である。

4——机上計算では5・8％賃上げが可能だが……

物価高騰で、実質賃金は下落し、企業の利益が増えた

第2章の1で述べたように、2022年から23年にかけて、実質賃金の対前年上昇率はマイナスとなった。物価上昇に名目賃金の上昇が追いつかないために、こうなった。

では、企業の利益はどうか？　第2章の4で見たように、法人企業統計調査によると、2022年4—6月期の法人企業（金融機関を除く全産業）の営業利益の対前年増加率は、13・1％になった。こうなったのは、物価上昇によって原価が上昇したが、それを売上に転嫁したからだ。その結果、売上－原価で表される粗利益は、前年同期に比べて5・7％増加した。

今回の物価上昇は急激なものであったために、企業はそれを売上に転嫁できない可能性があった。その意味で、企業にとっても「悪い円安」になると考えられていた。しかし、実際

には、その予想に反して、企業は原価の上昇を売上に転嫁することに成功したようだ。そのため消費者物価が上昇し、実質賃金が減少する結果になったのだ。

結局のところ、物価高騰は、消費者に不利、企業に有利に働いたことになる。ただし、以上は企業を全体として見た場合である。小零細企業のレベルでは、利益が激減している。そして、以下に述べるように、この傾向は、7―9月期にも続いた。

机上の計算では、5・8%の賃上げが可能

粗利益は、給与・賞与、利益、利子支払い、配当、税支払いなどの原資になる。給与・賞与が粗利益に占める比率は、長期的に見ると5割程度であって、大きな変動はない。

金融機関を除く全産業について、2022年7―9月期の前年同期からの増加額は、図表8-3の(1)に示すとおりだ。

粗利益は、77兆円から81兆円へと4兆円増加した。営業利益は12・4兆円から14・1兆円へと1・7兆円増加した。つまり、粗利益増加の約43%が利益に回されたことになる。これは、通常の年の分配率より高い。実際、22年7―9月期で、営業利益は、粗利益の17・4%でしかない。

図表8-3　法人企業の状況（金融機関を除く全産業）

年期	企業数	売上高	売上原価	粗利益	営業利益	給与·賞与	従業員数
(1)全企業							
2021年7-9月	917,885	323,565,144	246,566,394	76,998,750	12,405,980	34,227,090	28,580,054
2022年7-9月	909,633	350,367,087	269,377,218	80,989,869	14,111,482	34,744,815	28,889,243
増加額	-8,252	26,801,943	22,810,824	3,991,119	1,705,502	517,725	309,189
(2)資本金1000万円以上―2000万円未満							
2021年7-9月	628,992	43,274,083	29,084,200	14,189,883	820,660	5,693,703	7,235,002
2022年7-9月	620,025	38,880,750	24,639,323	14,241,427	969,885	5,686,816	6,963,740
増加額	-8,967	-4,393,333	-4,444,877	51,544	149,225	-6,887	-271,262

注：企業数と従業員数の単位は人。それ以外は百万円
出所：法人企業統計調査

ここで、架空計算を行なってみよう。２０２２年７―９月期において、企業が粗利益増加額の半分（４兆円÷２＝２兆円）を従業員給与・賞与に回したものとしよう。すると、２０２２年７―９月期の給与・賞与は、34・７兆円ではなく、36・２兆円になる。したがって、２０２１年７―９月期の給与・賞与34・２兆円に比べて５・８％増になる。

連合の言う5％賃上げは、実際には無理

連合（日本労働組合総連合会）は、２０２２年末時点で、２０２３年の春闘の目標として５％の賃上げを実現するとしていた。右に計算した５・８％という数字は、これとほぼ同程度のものだ。すると、連合の目標は現実

的なものであり、頑張れば達成可能と考えられるかもしれない。

しかし、そうではない。右の計算は、架空のものにすぎない。実際には、企業はこのような配分をしない可能性が高いのである。実際には、給与・賞与の増加額は、5177億円でしかない。これは、粗利益増加額の約13％でしかない。その結果、給与・賞与の昨年からの増加率は1・5％にとどまっている。

企業がこうした行動をするのは、粗利益の増加は、物価高騰や円安に起因する一時的なものであって、永続しないと判断しているからだ。日本では、いったん賃金を上げてしまうと、経済情勢が変わっても、それを引き下げるのは極めて難しい。だから、売上の増加が永続的なものだと確信できない限り、賃金の上昇には踏み切らないのだ。

したがって、労働者・消費者としては、「物価は上がるが賃金は上がらない」という状況を甘受せざるをえない。円安や物価高騰は、なんと不公平なものかと嘆息せざるをえない。

零細企業の惨状

5・8％賃上げが机上の計算でしかない理由が、もう一つある。それは、零細企業の状況だ。2022年4―6月期の状況は第2章で見たが、7―9月期も同様の状況が続いている。

図表８‐３の⑴に示したのは、全企業の数字だが、資本金１０００万円以上―２０００万円未満の企業では、これと全く異なる状況が生じている。これを、図表８‐３の⑵に示す。売上高も売上原価も前年より減少している。そして、企業数も従業員数も減少している。その結果、給与・賞与も減少している。このように、大企業や中企業とは、全く違う状況になっている。

この原因としては、原価の上昇を転嫁できないため、経営難に陥っている可能性が高い。いずれにしても、分配上無視できない大きな問題が生じている。

このような企業の従業員が、約７００万人と、全体の約4分の1を占める。消費者と零細企業という弱者が、円安と物価高騰の中で、さらに痛めつけられている。

春闘が対象とするのは、主として製造業の上場企業である。仮にそこで5％の賃上げが実現しても、それが経済全体に波及するわけではない。安倍内閣が春闘に介入した結果、春闘の賃上げ率は、それまでの１・８％程度から2％を超える水準になった。ところが、実質賃金の上昇率は、この期間ほぼマイナスを続けた。こうした状況は、いまも変わらない。

5%賃上げは、正しい答えではない

もし政府が民間企業に命令できるとすれば、増加した粗利益の半分を給与・賞与に回すよう指令すればよい。しかし、日本は計画経済ではないので、このようなことはできない。

それでも、税を使えば、原理的には同じことができる。一時的な法人税増税を行ない、それを物価対策の財源とすればよいのだ。しかし、これも、実際の政治状況を考えれば、机上の空論にすぎない。

実は、経済理論上も問題がある。もしこれだけの賃金上昇を行なえば、需要が増えて、デマンドプル・インフレになってしまう可能性があるからだ。結局のところ、一時的に増えた粗利益を賃金に回すことはできないし、望ましくないということになる。

では、本当の答えは何か？　それは、生産性を引き上げることだ。

その裏付けなしに単に賃上げを言うのは、正しい答えではない。

５――金融政策では日本経済の活性化はできない

賃金が上がらず、企業の生産性が低い状態は続いている

日本経済が抱える最も基本的な問題は、成長率が低い状態に何の変わりもないことだ。そのため、賃金が長期停滞状態にあることにも変わりがない。この状態からいかにして脱却するかが考えられなければならない。

多くの人は、物価が上昇しているから、そして企業の業績がよいから、賃金も引き上げるべきだとしている。連合が２０２３年の春闘で5％の賃上げを目標としたのも、そうした考えによるのだろう。

確かに、２０２２年に大企業は、円安によって利益をあげた。しかし、円安の進行が止まれば、この状態はなくなるかもしれない。だから、連合的思考法による賃上げは、仮にできたとしても、１年限りのことになる。１年でも、できればましだ。実際には、企業は、記録

的な利益は1年限りのものだから、最初から大幅な賃上げには応じないだろう。

賃金を引き上げるには、企業の付加価値が長期的・継続的に成長することが必要だ。それが実現されない限り、いつになっても賃金停滞から脱却することはできない。

春闘賃上げ率3%でも、経済全体の実質賃金は大幅減

2022年には物価が高騰したのに、賃金は上がらなかった。この状況は、2023年には変わるか?

連合は、春闘で5%程度の賃上げを要求するとしていた。ところが、日本経済新聞の2022年12月28日の報道によると、国内主要企業の社長に対するアンケート調査で、春闘での賃上げ率は3%台が最も多かった。

春闘賃上げ率はこれまでも2%程度だったから、それが1%上がるだけのことだ。物価上昇率は3%を超えているから、実質賃金の上昇率はマイナスになる。

なお、「中長期の方針として消費者物価の上昇を上回る賃上げを実施する意向があるか」という問いに対しては、約8割が「分からない」と答えた。大企業の中には、物価高騰に対する手当を一時金として支給するところもあるが、賃金の引き上げには至らないだろう。

さらに重要な点は、春闘で3％上がったとしても、それは、全体から見ればごく一部である製造業の大企業に限られたものであることだ。就業者全体の4割近く（2022年12月で37・5％）を占める非正規労働者には、恩恵が及ばない。

安倍内閣は春闘に介入し、それまで1％台であった春闘賃上げ率が、2014年以降は2％台になった。しかし、そうなっても、一般労働者の賃上げ率は0・5％程度にしかならなかった。

以上から考えると、仮に2023年の春闘賃上げ率が3％になっても、一般労働者の賃上げ率はせいぜい1％程度にしかならないだろう。他方で消費者物価上昇率はすでに3％を大きく越えている。したがって、実質賃金伸び率は▲2％程度になってしまうだろう。

さらに注意すべき点がある。それは、政府の物価対策によって、消費者物価の上昇率が1・2ポイント程度、抑えられていることだ。このことを考慮すれば、実質賃金の実際の下落率はもっと大きくなっている。

日本経済の活性化は金融政策ではできない

賃金が上昇するには、企業の付加価値が増加しなければならない。それは、金融政策で実現できることではない。付加価値増加は、企業や個人が努力して実現するものだ。

現在アメリカを牽引している高度情報通信産業は、金融緩和政策によって成長したのではない。政府の補助金で成長したのでもない。企業の競争と、高度な専門教育による人的能力の向上によって実現したのである。

台湾を成長させ、台湾の一人当たりＧＤＰを日本より高くする原動力となったＴＳＭＣを中心とする半導体産業も、新しいビジネスモデルの採用と、世界的な分業体制の中で成長した。こうした成長のための環境を準備することこそが、政府や日銀の基本的な役割だ。

経済成長は、民間経済主体の努力の積み重ねと、マーケットにおける競争によって実現される。国や中央銀行が主導してそれを実現するという考え自体が、そもそも間違っている。社会主義経済の崩壊という世界史上の大事件によって、世界は１９８０、90年代に、このことを学んだ。しかし、日本は（そして、多分日本だけが）全く逆の方向に進んでしまったのだ。

なお、賃金問題についてのより詳しい議論は、拙著『どうすれば日本人の賃金は上がるのか』（日経プレミアシリーズ、２０２２年）を参照されたい。

第8章のまとめ

1. 2022年12月の日銀政策変更を受けて、日本経済が大きく変化し始めた。
2. 欧米諸国では、金利が上昇し、実質金利もプラスになっている。こうして、低金利時代が終わろうとしている。日本で金利が上がれば、住宅ローン金利の上昇、ゾンビ企業破綻などの問題が生じるだろう。
3. 消費者物価指数の対前年比は、2023年夏前にはゼロになる可能性がある。しかし、そうなっても、日本経済の基本問題が解決されることにはならない。日本の国際的地位の低下、賃金の長期停滞、金融緩和政策の見直しなどの問題は、そのままだ。
4. 粗利益増加額の半分を給与・賞与に回せば、5%台の賃上げが可能になる。しかし、企業は粗利益の増加が一時的なものと考えているため、賃上げに踏み切らない。
5. 賃上げは簡単な課題ではない。日本経済の活性化は金融政策ではできない。

第9章

新しい金融政策を日本再生の第一歩に

1　新しい金融政策に向けて

急激な円安は収まったが、実質賃金の下落は続く

2023年になってからの経済の動きを見ると、つぎのとおりだ。

消費者物価指数の対前年同月比は、1月が4・2%、2月が3・1%(生鮮食品を除く総合)。他方で、2022年の実質賃金の対前年比は、▲1・0%となった(毎月勤労統計)。

このように、物価上昇は衰えず、実質賃金の下落が続いている。

2023年にも国債が売られる動きが続き、長期金利は一時は0・505%まで上昇した。3月10日午前には0・495%で取引が成立した。

ところが、その直後に、急激な変化が起きた。14日に長期金利が急低下し、一時0・24%となり、2022年11月以来の低水準となったのだ。

これは、アメリカのシリコンバレーバンク(SVB)やシグネチャー・バンクの破綻で金

融システム不安が台頭し、安全資産とされる日本国債に買いが集まったためだ。空売りポジションを保持していた投機筋の買い戻しも進んだ。長期国債先物は13日の夜間取引で急騰し、サーキットブレーカーが発動された。

なお、金利低下は世界的な現象だった。アメリカでは、2年物国債利回りの低下幅が、1987年10月の「ブラックマンデー」翌日以来の大きさとなった。ところが、金融システムに対する不安が和らいだために米金利が上昇し、日本国債の新発10年物国債の利回りも、3月22日には大幅に上昇して、0・320%となった。3月末には、0・28%となった。

突然に生じた金融不安ショックによって、金利がこのように大きく動いた。それは日本の金融政策にも影響を与えるかもしれない。本稿の執筆時点においては、この事態がどれほど重要なのかを判断しにくい。引き続き、事態の推移を見守る必要がある。

為替レートを見ると、2023年になってから3月中旬までは、1ドル＝127円台から137円台の間で推移した。

その後、円高への動きがあり、3月末には132円程度となった。こうして2022年のような急激な円安は収まったものの、長期的な水準に比べて円安である状態は続いている。

2023年になってからの原油価格は、ほぼ70ドル台から80ドル台の間で推移している。

日銀新体制の課題

日本銀行は、3月9日、10日の金融政策決定会合で、大規模な金融緩和政策を維持することを決めた。具体的には、長期金利をゼロ％前後に誘導する「イールドカーブ・コントロール」や、国債や企業向け資金供給などを通じて毎年大量の資産を買い入れる「量的・質的金融緩和」を続けることとした。

4月9日、日銀の総裁に植田和男氏が就任した。日銀新体制に課された課題は大きい。現在の日本が抱えている諸問題に対して適切に対処し、日本経済を本当の意味で活性化する政策が打ち出されることを期待したい。

第7章で見たように、金融緩和政策の限界は明らかになっている。とくに国債市場では、放置しえない深刻な機能不全が生じている。これを何とか解決し、これまでの超低金利状態からノーマルな経済への軟着陸を実現することが、日銀新体制に課された最重要の課題だ。

金利という経済の基本的変数を大きく変えることには、さまざまな利害が絡む。したがって、その実現に向けては、大きな困難が予想される。それを進めるには多くの障害があることを承知しつつ、日銀新体制に望むところを以下の各節で述べることにしたい。

2――物価目標の取り下げを

異次元緩和の評価が必要

日銀の新体制は、黒田前総裁の下で実行された大規模な金融緩和政策を継続するのか、転換するのか？　それによって、日本経済の今後は、大きく変わる。

総裁交代にあたってまず必要なのは、異次元緩和措置の評価だ。つまり、目的とされたことを実現できたのか否かの総括だ。

異次元緩和は、消費者物価指数の対前年同月比を2％に引き上げることを目的とした。この目的は、達成されたか？

日銀は、当初、右の目的を2年以内に達成するとしていた。しかし、これまで見てきたように、それは達成できなかった。その後、２０２２年の初めまで、達成されなかった。

22年には物価が高騰した。消費者物価上昇率は23年1月には４％を超えた。しかし、これは、世界的なインフレーションと円安によってもたらされたものだ。日銀も、これは持続的な物価上昇ではないために、金融緩和を継続するとした。

したがって、いまに至るまで、日銀が望んだ形の物価上昇率目標は達成されていないことになる。その意味では、異次元緩和は失敗だったということになる。そこで、日銀は、異次元緩和が、なぜ物価上昇率目標を達成することができなかったかを分析し、説明する必要がある。

異次元緩和は、その名が示すとおり、いままでの伝統的な金融政策からは大きく乖離した金融政策だった。しかも、これまで述べてきたように、それによって引き起こされた円安で、日本企業の生産性が低下し、日本の国際的地位が低下した。

そうしたコストを支払いつつ、初期の目的を達成できなかったのは、大問題だ。だから、右のような説明は、避けて通れない。これまでの政策を継続するにせよ、変更するにせよ、これはどうしても必要なことだ。

目標は、物価でなく賃金に

日銀新体制が検討すべき第一の課題は、政策目標だ。

現在の日銀の金融政策は、消費者物価の対前年上昇率を２％にすることを目標としているが、この目標を取り下げるべきだ。このため、２０１３年の政府と日銀のアコードを廃棄する必要がある。

このように考える理由は、つぎのとおり。まず、前記のように、何年経っても、金融政策では、物価上昇を実現できないことが分かった。

しかし、外生的な要因によっては、２０２２年に起きたように物価上昇率は簡単に２％を超え、そして２０２３年には４％を超えてしまった。日本の消費者物価は、これまでも、原油価格と円安に左右されてきたのであり、金融政策が影響を与えることはなかった。そのとおりのことが生じたのだ。

より重要なことは、２％の物価上昇目的が外形的には達成されたにもかかわらず、それによって日本人が豊かになったわけではないことだ。物価が上昇する半面で賃金が上昇しないために、人々の暮らしは困窮することになった。つまり、物価は適切な目標ではないことが分かった。

もし数値目標が必要なのであれば、実質賃金の上昇率を目標とすべきだろう。

ただし、これは日銀の政策だけで達成できるものではない。政府も賃金を自由に操作できるわけではない。賃金上昇率を決めるのは、企業の生産性（一人当たり付加価値）の動向であり、それを決めるのは技術進歩とビジネスモデルだ。したがって、賃金を目標にするにしても、努力目標として抽象的なものにせざるをえない。

無理矢理に呑まされた2％目標

大規模金融緩和は、2013年1月22日に安倍晋三首相（当時）が白川方明《まさあき》日銀総裁（当時）と結んだ「政府・日銀の政策協定（アコード）」を元としている。ここで、目標を「消費者物価の前年比上昇率で2％」とし、「できるだけ早期に実現することを目指す」と明記された。

しかし、第4章で述べたように、これはもともと実現不可能な目標であり、仮に実現したとしても、経済活性化にはつながらない無意味な目標であった。

これが採用されたのは、当時支配的であった、リフレ派の主張による。

日銀はこれに抵抗したが、日銀法改正という脅しをちらつかされて、組織防衛のために認めざるをえなかった（白川方明『中央銀行』東洋経済新報社、2018年）。

これが実現不可能であり、経済活性化につながらない目標であることは、その後明らかになった。

異次元緩和では、この目標を2年以内に達成するとした。しかし、実現できなかった。年平均で消費者物価上昇率が1％を越えたのは２０１４年だけだが、これは消費税率引き上げの影響であり、それを除けば、２０２１年まで、どの年も1％未満だった。

第4章で述べたように、物価は、金融政策の目標として適切なものではない。その理由を繰り返せば、つぎのとおりだ。

第一に、政策手段（国債の大量購入）と、物価上昇率の関係が明らかでない。もともと、金融緩和で物価が上がるはずはなかった。どのようなメカニズムで、大量の国債購入が物価上昇につながるかについての納得できる説明はなかった。「人々の期待が変われば物価が上がる」とも言われたが、そうもならなかった。

第二に、物価が上昇しても賃金は上がらない。賃金を日本銀行が動かすことはできないという当然のことが、確認された。また、政府も賃金を動かせないことが分かった。つまり、物価上昇は、働く者の立場から見れば望ましくないものであることが明らかになった。

このように、物価は金融政策の目標として適切ではないことが明らかになった。だから、２０１３年の政府と日銀のアコードを破棄し、物価目標を取り下げるべきだ。

3——金利統制の廃止を

長期金利のコントロールをやめ、市場機能を復活させよ

日銀新体制が検討すべき第二の課題は、政策手段だ。異次元緩和は、２０１３年の導入時には、国債の購入を政策手段とした。しかし、２０１６年からこれを転換し、長期金利を直接にコントロールする「イールドカーブ・コントロール」（ＹＣＣ）政策を導入した。

第７章で述べたように、２０２２年には、ＹＣＣの問題点が顕在化した。日銀が長期金利の上限をかたくなに抑えたため、急激な円安が進行し、国内物価が高騰した。また、イールドカーブが大きく歪み、国債市場が機能不全に陥って、地方債や社債での資金調達に支障が生じることとなった。

こうした事態を踏まえ、ＹＣＣを停止する必要がある。日銀が直接にコントロールするのは、政策金利である短期金利のみとし、それ以外は、マーケットの実勢に任せるべきだ。

金利が上昇すると、国債費の増加、住宅ローンの金利上昇などの問題が発生すると言われる。しかし、これまでの異常な低金利がおかしかったのだ。金利引き上げとは、それを正常な状態に戻すことなのである。

長期金利を不自然に低い水準に抑えることは、経済の生産性を高めることに寄与しない。逆に生産性が低い投資が行なわれることとなる。ゾンビ企業の生き残りを助け、マンション価格に見られるようなバブルが発生する。

なお、日銀は、ETF（指数連動型上場投資信託受益権）の購入を行なっている。株式市場への中央銀行の直接介入は、株式市場の正常な機能を損ねるものであり、以前からOECDなどによる批判の対象になっていた。これを停止する必要がある。

中央銀行の本来の使命に戻れ

では、物価に代わって金融政策の目標にすべきものは何か？

私は「通貨価値の維持」が尊重されるべきだと思う。そもそも、中央銀行が存在するのは、マネーが支払い手段としてつねに機能するように、その価値を維持するためである。FRB（米連邦準備制度理事会）が必死になって金融引き締めを行なっているのは、当然のことだ。中央銀行として最優先の課題だからだ。

日本の場合には、とくに円の対外的な価値の維持が重要だ。

これまで、円安は日本経済にとって望ましいことだと考えられていた。円安は企業の利益を増大させるからだ。その半面で、円の対外的な価値を維持する必要性は、ほとんど意識されなかった。それに異議を呈する向きは少なかった。

しかし、2022年においては、この状況に大きな変化が生じた。急激な円安が進んだことによって、円安が国民生活にいかに大きな問題をもたらすかが、多くの人によって理解されるようになった。

円安になっても、貿易収支は改善せず、むしろ赤字が拡大した。また、企業の利益は増大したが、賃金は上がらない。こうして、円安が日本にとって望ましいものではないことを多くの人が理解するようになった。

2022年の秋には、急激な円安の進行を背景として、人々が円建て預金を外貨預金に移す動きが生じた。幸いにしてこれは大きな流れにはならなかったのだが、仮にこの傾向が広がれば、日本からの大規模な資本流出という事態になりかねない。そうなれば、日本経済は破綻してしまう。

また、円安が国際間の労働力移動に影響を与えていることも問題だ。第2章の3で述べたように、フィリピンなどからの介護人材が日本に来なくなり、オーストラリアなどに流れていると報道されている。また、高度専門人材の日本からの流出が生じつつある。こうした事態は、日本にとって大きな損失だ。

円安とは、基本的には日本人の労働の価値が国際的に見て低く評価されることを意味するのだ。そんなことを喜ぶ国民はおかしい。これまで、日本ではおかしいことがまかり通っていたのだが、やっとこの状態に区切りがついた。

円の価値の維持

対外的な円の価値の維持とは、大まかに言えば、市場為替レートが購買力平価から大きく離れないことだ。前にも述べたとおり購買力平価とは、世界的な一物一価が成立するような為替レートだ。ＯＥＣＤなどいくつかの機関が、この考えに基づく指数を計算している。そして、現在の円の市場レートは、購買力平価に比べて大きく円安になっている。

市場レートが購買力平価に比べて円安になる基本的な原因は、日本の金利があるべき水準に比べて低すぎることだ。この状態を改善する必要がある。ただし、ＯＥＣＤの計算では、

2021年で1ドル＝100・4円となっているので、この水準にまでするのは容易なことではない。しかし、不可能でもない。

円の価値を守ることによって日本の国際的地位の低下を食い止める。日本の賃金水準を国際的な標準から見て見劣りのしないものとし、人材の流出、とくに高度専門人材の流出を防ぐ必要がある。そうしない限り、日本の崩壊を食い止めることができない。日本銀行が、自国通貨の価値を守るという、中央銀行本来の使命に戻ることを切望したい。

4――新しい金融政策には、科学的手法の導入を

長期金利の上限はどんな根拠で決めたのか？

長期金利の動向は、為替レートや株価をはじめとして、さまざまな経済変数に極めて大きな影響を与える。

ところで、長期金利の上限値は、どのような根拠に基づいて決定されたのだろうか？　これについての説明は何もなされなかった。根拠について何の説明もなかった以上、この数字は、単なる腰だめで決めたとしか考えようがない。

腰だめで決めるのではなく、科学的・客観的基準が必要だ。

そのためにどうしても必要なのは、現在および将来の日本経済に関する理解の表明だ。とりわけ、これからの日本経済の成長率と金利の見通しを明らかにする必要がある。これは、金融緩和政策を続けるにせよ、修正あるいは停止するにせよ、必要なことだ。その判断の基

礎には経済の見通しがあるはずだからだ。

自然利子率とは

では、金融政策決定のガイドとなるべき、客観的で科学的な指標はあるか?

それは存在する。自然利子率という概念だ。これを用いて、金利の変動が経済活動に与える影響を考えることができる。

米FRBのスタッフは、潜在成長率（将来見込めるGDPの伸び率）の推計作業を行ない、それに基づいて、自然利子率を推計している。これが米連邦公開市場委員会（FOMC）の金利操作の基準となっている。日本でも、この方法を採用すべきだ。

自然利子率は、19世紀の末に、スウェーデンの経済学者ヌクート・ヴィクセルによって提示されたものだ。自然利子率は、経済の構造で決まる。金融政策によって決まる市場の実質金利がそれより低ければ景気刺激的、高ければ景気抑制的な効果がある。

自然利子率の概念は、1960年代にエドムンド・フェルプスなどによって精緻化された。そして、一定の条件の下で、自然利子率は潜在成長率に等しいことなどが証明された。

その結果をまとめると、つぎのとおり。

1. 実際の利子率が自然利子率と等しければ、金融政策は景気に中立的。実際の利子率を自然利子率より低くすれば、景気刺激的。
2. 一定の条件の下で、自然利子率は潜在成長率に等しい。だから、自然利子率を推計するには、生産関数を用いて、潜在成長率を推計すればよい。

あまり正確ではないのだが、直感的にはつぎのように理解できる。

いま、単純化のために、物価上昇率はゼロであるとしよう。そして、１単位の投資をすると、１年後にこれが１・１単位になるとしよう。つまり、成長率が10％だ。

この投資のために必要な資金を借入で調達する。利子率がｉ％であるとすると、１年後に１＋ｉ/100を掛けた金額を返却する必要がある。もしｉが10よりも小であれば、この投資は利益を生む。したがって、投資が促進されることになる。つまり、低い利子率が景気刺激的な効果を持つことになる。

不況入りを覚悟して利上げ

アメリカの場合、仮に自然利子率が2%であるとすると、金融政策は、2022年3月頃までは景気刺激的に働いていた。

とくに2020年においては、実質金利がマイナスだったので、非常に強い株価引き上げ効果があったと考えられる。ところが、それ以降は刺激効果が弱まり、2022年3月以降は景気抑制的になったと見ることができる。

政策金利が引き上げられれば、実質長期金利も上昇する。株価に大きな下降圧力が加わることは避けられない。

金融緩和は、世界各国の消費者や企業が新型コロナウイルスの感染拡大による経済縮小に耐える上で助けとなった。しかし、いまや金融政策の最優先の目的はインフレ抑制となった。そして、政策金利の引き上げが実質長期金利を上昇させている。それは、経済活動に抑制的な効果をもたらし、株価の下落につながるはずである。欧米諸国をはじめとする多くの国が、不況入りを覚悟しているのだ。

自然利子率との比較では、現状もまだ過剰な緩和

日本でも、潜在成長率に関して、いくつかの推計が行なわれている。

まず、政府が、財政収支試算（「中長期の経済財政に関する試算」２０２２年7月29日）の中で、潜在成長率を試算している。

それによれば、２０２３年度から２０３１年度までの期間の年率実質潜在成長率の平均値は、成長実現ケースで１・６％、ベースラインケースで０・６％だ。

実際の政策では名目値を決める必要がある。このためには物価見通しを使って、実質値を名目値に換算する必要がある。

財政収支試算によれば、２０２３年度から２０３１年度までの期間の消費者物価指数の対前年比の平均は、成長実現ケースで１・９％、ベースラインケースで０・７％だ。

したがって、名目自然利子率は、成長実現ケースで３・５％、ベースラインケースで１・３％ということになる。

実際の金利をこれよりどの程度低くすれば景気刺激的になるかは、経験を参照して決められることになる。ただ、控えめな予測であるベースラインケースと比較しても、現在の日銀

の長期金利上限値０・５％は大幅に低い。したがって、いまだに過剰な金融緩和になっていると考えることができる。

なお、将来の実質成長率の推計は、財政収支試算以外にもいくつか行なわれている。例えば、ＯＥＣＤは、２０６０年までの長期推計を行なっている。それによると、２０２０年から30年までの間の実質ＧＤＰの年平均成長率は０・９８７％だ。また、日本の民間機関等による将来推計もあり、実質ＧＤＰの年平均成長率は、０・５％から１％程度の間だ。これらを用いて比較しても、現在の長期金利上限値０・５％は低すぎる。

低金利は、非効率な投資を許容し、経済を弱体化させる

自然利子率の概念を用いて、過去の金融政策を評価することもできる。

名目ＧＤＰの年平均成長率は、２０１３年から２０２１年までの期間では１・04％だった。コロナによる影響を除去するため２０１３年から19年を見ると、１・56％だ。

仮にこれらの数値がこの期間の名目自然利子率を表していると考えると、名目長期金利は、１％（コロナの影響を除去すれば１・５％）、あるいは、それより少し低いところにある

ことが望ましかった。

ところが、実際には、名目長期金利は、２０１３年以降継続して０・８％より低い水準であり、２０１６年以降２０２２年までは０％の近傍であった。これは、過度の金融緩和状態であったと言うことができる。

実際の利子率が自然利子率より低すぎたために、効率の悪い対象にも投資が行なわれた。その結果、ゾンビ企業が生き残るといった問題が生じた。低すぎる金利は、経済を活性化するのではなく、弱体化させるのである。

日銀の政策体系が抱える深刻な矛盾

自然利子率の概念は、日銀の政策体系が深刻な矛盾を抱えていることを暴露する。その理由はつぎのとおりだ。

物価上昇率を２％とすると、仮に実質自然利子率が０％であったとしても、名目自然利子率は２％になる。したがって、２０２３年初めの長期金利上限値０・５％は低すぎたということになる。

仮に、実質自然利子率が右で見たように１％程度だとすると、名目自然利子率は３％程度になる。長期金利の上限0・5%は、それより2・5%も低い。あまりに過剰な金融緩和だと言わざるをえない。

つまり、2%の物価上昇率目標と長期金利上限0・5%は、矛盾しているのだ。

この点から考えても、金利上限値を引き上げ、かつ物価上昇率の目標値を、破棄するか、あるいはもっと現実的な値に改定すべきであることが分かる。

政府と日銀の見通しの食い違いは問題

以上では、政府の潜在成長率試算を出発点として、金融政策を評価した。しかし、政府の推計値が正しいとは限らない。むしろ、これが過大推計である可能性も大いにある。

要は、政府の見通しと日銀の見通しとの間に大きな食い違いがあることだ。

このような乖離は問題だ。なぜなら、政府は、高い収益性があるとして投資や補助を実行しているが、実は、それほどの収益性はない可能性があるからだ。

他方で、日銀は金利を抑えてきた。このため、国債を発行して、低い資金コストでこれらの支出が賄われることになる。こうして、無駄な財政支出が行なわれることになる。

高すぎる政府見通し

政府が財政収支試算や年金財政検証で示している実質成長率の数字は、高すぎる可能性が高く、そのこと自体が大きな問題だ。

なぜなら、財政収支試算にしても年金財政検証にしても、実質成長率が高ければ収支は改善するからだ。だから、実質成長率に関する高すぎる想定は、一般会計や年金財政が抱えている深刻な問題を隠蔽することになってしまっている。

日本経済のこれまでの実績や、今後さらに人口高齢化が進むことを考えれば、潜在成長率＝自然利子率は、前述した政府の試算よりはもっと低く、０％あるいはマイナスになっている可能性が十分にありうる。

こうして、金融政策においては、自然利子率が低いとして現実の低金利を正当化し、財政政策においては潜在成長率が高いとして税収や保険料率の伸び率が順調だとして財源問題を隠蔽してしまうという結果になりかねない。

日本の経済政策は、矛盾する想定の上に組み立てられているとしか、考えようがない。

見通しの共通化が必要

政府と日銀は、共通の見通しを持つべきだ。それらが食い違ったままでは、さまざまな問題が生じる。

例えば、政府が描く経済では、金利が高くなっているから、財政資金の調達も難しいはずだ。ところが、現実の世界では金利が低くなっている。だから、財政資金の調達が、収支見通しで想定されているより著しく容易になっている。そのため、効果が疑わしいバラマキ政策が行なわれる。

もし日銀がこれからもイールドカーブ・コントロールを続けるのであれば、日銀は、政府のさまざまな見通しの変更を求める必要がある。

2024年には、公的年金の財政検証が行なわれる。その結果は、金利や成長率の見通しいかんで、大きく異なるものとなる。そこでいかなる数値を想定するかは、日本の将来に大きな影響を与える。だから、政府と日銀の食い違いは、是非とも解決されなければならない。

なお、日銀においても、自然利子率に関する研究は行なわれている。それらはディスカッションペーパーとして公表されており、大変優れた内容だ。こうした研究の成果を内部資料にとどめるのでなく、政策決定の場で活用してほしい。

日本では自然利子率が低いので、実質金利がマイナス圏から脱却できない

すでに述べたように、日本の実質金利は、マイナスを続けている。したがって、自然利子率がプラスである限り、金融政策は景気刺激的に働いていると考えることができる。

ところで、実質金利がマイナスとは、理解しにくい世界だ。経済の実質成長率がプラスである場合を考えると、実質金利がマイナスであれば、割引現在価値は発散してしまうからだ。

日本が実質金利マイナスから脱却できないのは、自然利子率がマイナスだからだろう。将来の経済成長について悲観的な見方をせざるをえないからだ。

右に見たように、日本では実際に実質長期金利はマイナスで、しかも低下している。それにもかかわらず、アメリカの株価下落に引きずられて株価が下落している。これは、自然利子率がマイナスであるために、実質金利をマイナスにしても、経済を刺激する効果がないためだと考えられる。

自然成長率を引き上げよ

日本経済の問題は、自然成長率が低いことだ。人口高齢化のために、労働力の成長率が長期的に見てマイナスになっているため、自然成長率がマイナスになる。

そのため、経済を活性化するためには、実質金利をマイナスにする必要がある。そのために名日金利を大幅に引き下げた。その結果、円安になった。

円安が続いたため、企業の技術革新力が低下した。そして、自然成長率がさらに低下した。麻薬を飲み続けたために身体がぼろぼろになったようなものだ。

自然成長率の引き上げは、金融政策でできることではない。経済の構造を改革する政策が必要だ。日本に求められているのは、そのような政策である。

5――財政放漫化助長からの脱却を

日銀は財政放漫化に加担してきた

日本銀行は、異次元緩和を通じて、財政放漫化に加担してきた。

2013年から大量の国債を市中から購入し、長期金利を押し下げた。さらに、2016年からはYCCによって、長期金利を直接に抑制した。

これらによって、国債による財政資金の調達コストが低下した。こうして、必要性の疑わしい財政支出が増加しやすい環境が作られた。それは、安易な人気取り的財政支出が増加することに寄与したと考えられる。

2020年度当初予算における国債発行額は32・6兆円だったが、第2次補正後で90・2兆円となり、第3次補正後で112・6兆円となった。2021年度では、当初予算で43・6兆円。それが補正予算で22兆円増額され、65・6兆円となった。2022年度第2次補正予算案では、一般会計の追加歳出は28・9兆円。この約8割に当たる22・9兆円を国債増発で賄うこととされた。

このように、補正予算での追加財政支出の大部分を国債発行で賄うというパタンが定着してしまった。

こうしたことの延長として防衛費が位置づけられる危険がある。

防衛費増額の財源は国債であってはならない

「国力としての防衛力を総合的に考える有識者会議」が２０２２年11月22日、報告書を岸田首相に提出した。

財源に関しては、歳出改革を進めることを前提に、「幅広い税目による負担が必要なことを明確にして、理解を得る努力を行なうべきだ」とした。報告書は国債依存を否定した。

防衛費は、直接的には生産力の向上に寄与しない支出だ。したがって、それを増額するのであれば、

1．他の歳出の見直しと削減によって財源を見いだす

2. それで足りなければ、幅広い増税による
3. 安易に国債に頼ってはならない

という3つの原則に従うべきとしている。これについては、多くの人が賛同するだろう。

問題は、現実の政治メカニズムの中で、こうした方向を実現できるかどうかだ。

与野党を問わず、歳出削減や増税には、反対が強い。自民党の中では、「増税は論外、国債の増発で賄えばよい」という意見が強くなっている。

したがって、以上の方向付けを担保する制度の確立が、焦眉の急だ。

イギリスでは、金利高騰が不合理な政策を撤回させた

国債に対する安易な依存を防ぐための最も強力な方法は、資金調達のコストを高くすることである。

財源の措置がない政策を、政治的な観点から進めようとしても、市場がそれを許さないようにするのだ。その実例が2022年にイギリスで起きた。

トラス政権は、2022年9月23日に、電気・ガス料金を凍結する政策を打ち出した。そ

れだけでなく、前政権が予定していた法人税率の引き上げを取りやめるとした。さらに、所得税の基本税率を下げるという大減税策を打ち出した。国債発行額は、当初計画から630億ポンド（約10兆円）増額された。

これに対して、市場金利がただちに急騰した。トラス政権の発足前には2・8％であった10年国債の利回りが、9月27日には4・5％になった。ポンドの対ドル相場も、9月26日に、1ポンド＝1・03ドルという最安値を記録した。

長期金利が急騰したため、年金基金で損失が膨らんだ。損失に伴う支払いのために、債券や株式を売却した。これに対して、イングランド銀行（BOE）は、急遽、政策を変更して国債の買い支えを行なったが、あくまでも一時的な措置だとして、すぐに停止した。つまり、市場金利を市場の実勢に任せた。年金基金の危機を救う措置を最小限にとどめ、市場の規律を守る。それは、経済全体を守るためだ。

こうした事態を受けて、トラス首相は、クワーテング財務相の更迭と、減税策の撤回をせざるをえなくなった。そして、最終的には、トラス首相が辞任した。

こうなったのは、政治的な討論の場で反対論が起きたからではない。長期金利が高騰して、年金ファンドが危機的な状況に陥ったからだ。つまり、合理的でない政策を市場が拒否したのだ。これほど強い抑止力はない。

日本では市場のシグナルが見えなくなっている

ところが、日本では、日銀が長期金利を抑え込んでいるために、市場のシグナルが見えなくなっている。健全な経済を運営するための最も重要なメカニズムが殺されているのだ。

もちろん、物価が上昇して国民の暮らしが苦しくなるというシグナルは出ている。しかし、第6章で述べたように、政府がその一部を、ガソリン補助金などで見えなくした。そして、総合経済対策で電気代、ガス代抑制の補助が支出され、物価というシグナルがさらに隠されてしまった。

こうして、日本では、経済が異常な状態に陥りながら、経済政策が転換されずにいる。その意味で、日本のほうが、イギリスより深刻だ。日本では、金利という経済の体温計が壊されている。だから、病気になっているのに、それが分からない。

長期金利が上がると、さまざまな困難が発生すると言われる。そのとおりだ。財政資金の調達が困難になると言われる。そのとおりだ。いままで、容易すぎたので、無原則なバラマキが行なわれたのだ。

住宅ローンの金利が上がると言われる。そのとおりだ。いままで低すぎたので、マンション価格が高騰したのだ。いまの日本では、低すぎる金利によって引き起こされた歪みを矯正することが必要なのである。

市場原理を働かせて不合理な政策を撤回させたイギリスと、国債市場が機能不全に陥っても金利抑制を続ける日本と、どちらが健全な経済か？　われわれは、胸に手を当てて、じっくりと考えるべきだ。そして、経済の体温計を壊した国の将来がどうなるかを、冷静に判断すべきだ。

壊れてしまった国債市場の再建が、日銀新体制の最重要課題

日銀新体制が是非とも取り組むべき課題は、壊れてしまった国債市場を再建することだ。

これには、２つのことが必要だ。

第一は、銀行が政府から購入した国債を日銀に売却するまでの期間を、異次元緩和前の状態に戻すこと。これによって、財政法第５条の脱法的状態を解消する。

第二に、国債の半分以上を日銀が保有している状況は異常なものであり、これを正常な状態に戻す必要がある。

なお、ＥＴＦの購入については、ＯＥＣＤの批判もあった。株式市場に中央銀行が介入する異常な事態からは脱却すべきだ。

このような改革は、どのような政治・経済情勢の下でも必要とされることだ。財政支出膨張の危機が目前に迫っているいま、これは、緊急の課題となっている。

財政法第５条を死守せよ

ただし、前項で述べたメカニズムが働くためには、条件がある。

第一は、中央銀行が国債の直接引き受けを行なわないことだ。直接引き受けを許せば、市場を経由せずに中央銀行が国債保有を増やせるため、金利が上昇しない。

第二は、長期金利が市場メカニズムによって決まることだ。

日本では、財政法第５条（国債の市中消化の原則）で、第一の条件が形式的には確保されている。

しかし、異次元緩和で、これが大きく変わった。異次元緩和措置は、単に大量の国債を買い上げただけでなく、買い上げの条件も緩和したのである。

異次元緩和前から日本銀行による国債購入は続いていたが、購入対象は、残存期間が短い国債に限られていた。したがって、銀行は購入した国債を売却するまでに、一定期間保有する必要があった。ところが、異次元緩和措置で、残存期間の長い国債も日銀が購入できることとされた。つまり、銀行が購入後ただちに、日銀に売却できるようになった。

これによって、現状は、日銀による直接の引き受けに限りなく近い状態になっている。財政法第５条の脱法行為と言わざるをえない状態だ。

そうであっても、日銀の購入価格が市場の実勢に合ったものであれば、市場メカニズムがある程度機能する。しかし、２０１６年にイールドカーブ・コントロールが導入され、長期金利は日銀の統制下に置かれることとなった。だから、前記の第二の条件も満たしていない。

２０２２年12月１日には、発行された国債の半分以上を日銀が買い取るという異常な事態が発生した。新発10年物国債の発行額２・８兆円のうち、１・５兆円を日銀が買い取ったのだ。こうしたことが続けば、財政法第５条は有名無実になってしまう。

日銀新体制が、こうした方向から転換することを、切に望みたい。

すべての国民が金融政策に関心を持つ必要がある

金融政策は決して万能ではない。物価や賃金を思うままに動かすことはできない。しかし同時に、極めて強力でもある。

金利を通じて為替レートに大きな影響を与え、民間企業の投資や財政資金の調達の基本的条件を決める。したがって、金融政策のいかんによって、経済のあり方は大きく異なるものになる。だから、われわれは、金融政策がどのように運営されるかについて強い関心を持ち続ける必要がある。

ところが、金融は専門的な内容を含むために、なかなか理解しにくい。異次元緩和についても、それが日本経済にどのような効果を与えたのかが、正確に理解されているとは言い難い状況にあった。

２０２２年にこの状況が大きく変わった。急激な円安が進み、物価が高騰したために、金融政策が国民生活に直接の深刻な影響を与えることが分かったのだ。それまで一般的に考えられていたように「円安が進み金利が低下すればそれで良い」というわけにはいかないことを、多くの国民が理解した。

日本の将来に関心を持つ国民のすべてが、日本経済の健全な発展のために金融政策がどうあるべきかを注意深く見守り続けていく必要がある。

第9章のまとめ

1. 金融政策を転換し、日本再生への手がかりをつかむ必要がある。
2. 物価目標が適切でないことが、2022年の物価高騰の中で誰の目にも明らかになった。まず必要なのは、物価目標の取り下げだ。
3. 金利抑制策の停止によって、金利市場の機能を回復させる必要がある。日銀は、通貨価値の維持という中央銀行本来の使命に戻るべきだ。とくに、円の対外価値の維持が必要だ。
4. 今後の日銀の金融政策は、自然利子率の概念を用いて運用されるべきだ。これまでの金融政策は、この基準で評価すると、過剰な緩和状態であったと評価される。このため、日本経済が弱体化し、無駄な財政支出が行なわれた。
5. 大規模金融緩和は、安易な財政支出を助長してきた。この状態から脱却し、財政法第5条を（形式だけでなく実態的にも）死守する必要がある。

【ら行】

【わ行】

【た行】

【な行】

【さ行】

索引

PHP新書

PHP INTERFACE
https://www.php.co.jp/

野口悠紀雄［のぐち・ゆきお］

1940年東京生まれ。63年東京大学工学部卒業、64年大蔵省入省、72年エール大学Ph.D.(経済学博士号)取得。一橋大学教授、東京大学教授(先端経済工学研究センター長)、スタンフォード大学客員教授、早稲田大学大学院ファイナンス研究科教授などを経て、一橋大学名誉教授。専門は日本経済論。
近著に『日本が先進国から脱落する日』(プレジデント社、岡倉天心賞)、『どうすれば日本人の賃金は上がるのか』(日経プレミアシリーズ)、『2040年の日本』(幻冬舎新書)、『超「超」勉強法』(プレジデント社)ほか多数。

note https://note.com/yukionoguchi
ツイッター https://twitter.com/yukionoguchi10
野口悠紀雄online https://www.noguchi.co.jp/

日銀の責任

低金利日本からの脱却

PHP新書 1353

二〇二三年五月十日 第一版第一刷
二〇二三年六月一日 第一版第二刷

著者――野口悠紀雄
発行者――永田貴之
発行所――株式会社PHP研究所
東京本部――〒135-8137 江東区豊洲5-6-52
ビジネス・教養出版部 ☎03-3520-9615(編集)
普及部 ☎03-3520-9630(販売)
京都本部――〒601-8411 京都市南区西九条北ノ内町11
組版――有限会社メディアネット
装幀者――芦澤泰偉＋明石すみれ
印刷所・製本所――図書印刷株式会社

ISBN978-4-569-85472-4

ＰＨＰ新書刊行にあたって

「繁栄を通じて平和と幸福を」（PEACE and HAPPINESS through PROSPERITY）の願いのもと、ＰＨＰ研究所が創設されて今年で五十周年を迎えます。その歩みは、日本人が先の戦争を乗り越え、並々ならぬ努力を続けて、今日の繁栄を築き上げてきた軌跡に重なります。

しかし、平和で豊かな生活を手にした現在、多くの日本人は、自分が何のために生きているのか、どのように生きていきたいのかを、見失いつつあるように思われます。そして、その間にも、日本国内や世界のみならず地球規模での大きな変化が日々生起し、解決すべき問題となって私たちのもとに押し寄せてきます。

このような時代に人生の確かな価値を見出し、生きる喜びに満ちあふれた社会を実現するために、いま何が求められているのでしょうか。それは、先達が培ってきた知恵を紡ぎ直すこと、その上で自分たち一人一人がおかれた現実と進むべき未来について丹念に考えていくこと以外にはありません。

その営みは、単なる知識に終わらない深い思索へ、そしてよく生きるための哲学への旅でもあります。弊所が創設五十周年を迎えましたのを機に、ＰＨＰ新書を創刊し、この新たな旅を読者と共に歩んでいきたいと思っています。多くの読者の共感と支援を心よりお願いいたします。

一九九六年十月

ＰＨＰ研究所